绿色建筑
项目投融资决策
与评价

徐 耸 彭志胜 著

化学工业出版社

·北京·

内容简介

结合"双碳"目标下我国的绿色建筑发展规划，本书介绍了绿色建筑项目的投融资决策和评价的主要理论与方法。主要内容包括绿色建筑项目的投资、融资和评价三部分，其中，绿色建筑项目投资部分包括投资环境、投资机会、投资估算、投资决策方法与风险；融资部分包括绿色建筑项目的融资特点、融资环境、融资模式、融资风险和融资担保；评价部分包括财务分析、经济分析、社会评价以及综合评价。书中还研究了具有时代特色的绿色智慧建筑，相关的研究对绿色建筑的投资及发展具有重要的现实意义。

本书可作为工程管理专业、从事工程项目投融资管理的管理人员、技术人员及其他相关人员的参考资料。

图书在版编目（CIP）数据

绿色建筑项目投融资决策与评价/徐耸，彭志胜著. —北京：化学工业出版社，2023.6
ISBN 978-7-122-43105-9

Ⅰ.①绿… Ⅱ.①徐…②彭… Ⅲ.①生态建筑-建筑业-投资决策-研究-中国②生态建筑-建筑业-融资决策-研究-中国 Ⅳ.①F832.51

中国国家版本馆CIP数据核字（2023）第042060号

责任编辑：毕小山　　　　　　　　　　　文字编辑：冯国庆
责任校对：宋　夏　　　　　　　　　　　装帧设计：刘丽华

出版发行：化学工业出版社（北京市东城区青年湖南街13号　邮政编码100011）
印　　装：涿州市般润文化传播有限公司
710mm×1000mm　1/16　印张10½　字数200千字　2023年6月北京第1版第1次印刷

购书咨询：010-64518888　　　　　　　　售后服务：010-64518899
网　　址：http://www.cip.com.cn
凡购买本书，如有缺损质量问题，本社销售中心负责调换。

定　　价：78.00元　　　　　　　　　　　　　　　　版权所有　违者必究

前言
PREFACE

2021年2月国务院发布了《关于加快建立健全绿色低碳循环发展经济体系的指导意见》，强调要全方位推行绿色规划、绿色设计、绿色建设，推进高质量发展和高水平保护，确保实现碳达峰、碳中和目标。在当今高速发展的建筑行业，要实现建筑节能、环保、绿色的目标，为人类提供安全、舒适、健康的生产及生活环境，建筑业需由高速发展转向高质量发展。随着时代的发展和科技进步，绿色建筑融入了BIM（建筑信息模型）、GIS（地理信息系统）、物联网、云计算等技术，在节约资源和提高能源利用率的同时减少了环境污染与资源浪费，对我国能源紧缺现状的缓解具有很大作用。

我国已有绿色建筑的评价标准，然而在国家"3060"碳达峰碳中和目标下，绿色建造的内涵和外延也必然发生巨大变化。"双碳"目标下，绿色智慧建筑和绿色建造，技术含量更高，面临的不确定性因素更多，对绿色智慧建筑项目的投资与融资进行分析，并对其进行综合评价，能为绿色建筑项目提供投资决策的依据，为政府绿色补贴政策的制定提供参考。此问题的研究对绿色建造的投资、验收、政府监管和奖励都有重要的意义。

本书由安徽建筑大学科研启动基金（2019QDZ61）、建筑经济与房地产管理研究中心和安徽高校人文社会科学研究重点项目（SK2021A0346）资助。作者在前人理论成果的基础上形成知识脉络，参考了大量国内外相关文献，在此对文献作者表示感谢。本书第1章、第3～7章由徐耸编写，第2章由彭志胜编写。

限于水平以及绿色建筑项目投融资和评价的实践性质，其内容更新变化较快，不足之处敬请批评指正，深表感谢！

著 者

2022年12月

目录 CONTENTS

第1章 绿色建筑项目及其投资决策概述
001

1.1 绿色建筑项目概述 002
1.1.1 绿色建筑的概念和内涵 002
1.1.2 我国绿色建筑的发展 006
1.1.3 绿色建筑项目投融资与评价研究的意义 007

1.2 项目投资决策概述 009
1.2.1 项目及其分类 009
1.2.2 项目的生命周期 010
1.2.3 项目投资概述 011
1.2.4 项目投资决策概述 012

1.3 绿色建筑项目投资环境 014

1.4 绿色建筑项目投资机会 015
1.4.1 PESTEL分析 015
1.4.2 波特五力模型分析 016
1.4.3 SWOT分析 017

第2章 绿色建筑项目投资估算
019

2.1 绿色建筑项目投资估算概述 020
2.1.1 项目投资估算的概念、阶段划分和影响因素 020
2.1.2 绿色建筑项目投资估算的原则和依据 025
2.1.3 绿色建筑项目投资估算的编制 026

2.2 绿色建筑项目静态投资部分的估算方法　027

  2.2.1　资金周转率法　027
  2.2.2　生产能力指数法　027
  2.2.3　系数估算法　028
  2.2.4　比例估算法　029
  2.2.5　指标估算法　030

2.3 绿色建筑项目动态投资部分的估算方法　031

  2.3.1　价差预备费　031
  2.3.2　建设期利息　031
  2.3.3　流动资金估算　032

2.4 控制与优化　034

  2.4.1　绿色建筑项目投资估算存在的问题　034
  2.4.2　优化投资估算的建议　036

第 3 章　绿色建筑项目投资决策方法与风险

3.1 绿色建筑项目投资决策的方法　040

  3.1.1　投资回收期法　040
  3.1.2　投资收益率法　041
  3.1.3　净现值法　041
  3.1.4　现值指数法　042
  3.1.5　内含报酬率法　043
  3.1.6　实物期权法　043
  3.1.7　其他方法　044

目录

3.2	互斥型项目的投资决策方案的比选	**045**
3.2.1	寿命相等的互斥方案比选	045
3.2.2	寿命不等的互斥方案比选	047
3.3	独立型项目的投资决策方案的比选	**049**
3.3.1	无约束条件下独立方案的比选	049
3.3.2	有约束条件下独立方案的比选	049
3.4	资本约束与投资优化	**051**
3.4.1	资本约束概述	051
3.4.2	投资优化	052
3.5	绿色建筑项目投资风险	**053**
3.5.1	绿色建筑项目投资风险识别与估计	053
3.5.2	绿色建筑项目投资风险应对策略	061
3.5.3	绿色建筑项目投资风险监控	063

第4章
绿色建筑项目融资环境与融资模式

4.1	项目融资概述	**068**
4.1.1	项目融资的内涵	068
4.1.2	项目融资的参与者	069
4.1.3	项目融资主体	069
4.1.4	项目融资的实施步骤	071
4.2	绿色建筑项目融资的特点	**071**
4.3	绿色建筑项目的融资环境	**073**

| 4.3.1 | 项目融资环境的含义和特点 | 073 |
| 4.3.2 | 绿色建筑项目融资环境 | 075 |

4.4 绿色建筑项目的资金筹措 077

| 4.4.1 | 项目资本金 | 077 |
| 4.4.2 | 绿色建筑项目资本金筹措 | 078 |

4.5 PPP、BOT和ABS融资模式 079

4.5.1	PPP融资模式	079
4.5.2	BOT融资模式	080
4.5.3	ABS融资模式	080

4.6 其他融资模式 081

4.6.1	PFI融资模式	081
4.6.2	互联网融资平台	081
4.6.3	"设施使用协议"融资模式	081
4.6.4	杠杆租赁模式	082
4.6.5	房地产投资信托基金（REITs）	082
4.6.6	绿色债券融资	083

5.1 绿色建筑项目融资风险 086

5.1.1	绿色建筑项目融资风险概述	086
5.1.2	绿色建筑项目融资风险种类	086
5.1.3	绿色建筑项目融资风险的识别	087
5.1.4	绿色建筑项目融资风险的评价方法	087

第5章
绿色建筑项目融资风险与规避

5.1.5	绿色建筑项目融资中风险评价指标	091
5.1.6	绿色建筑项目融资风险的防范方法和措施	093

5.2 绿色建筑项目融资担保　　099

5.2.1	绿色建筑项目融资担保概述	099
5.2.2	绿色建筑项目融资担保人	101
5.2.3	绿色建筑项目融资担保的范围和条件	102
5.2.4	绿色建筑项目融资担保的形式	104

第6章
绿色建筑项目的财务分析、经济分析和社会评价

6.1 绿色建筑项目财务分析　　108

6.1.1	财务分析的概念和内容	108
6.1.2	绿色建筑项目财务盈利能力分析	109
6.1.3	绿色建筑项目偿债能力分析	111
6.1.4	项目财务生存能力分析	113
6.1.5	不确定分析	114

6.2 绿色建筑项目经济分析　　118

6.2.1	经济分析的概念及内容	118
6.2.2	经济效益和经济费用	119
6.2.3	经济效益和经济费用的估算	120
6.2.4	绿色建筑项目经济分析评价	123
6.2.5	经济费用效果分析	124

6.3 绿色建筑项目社会评价　　126

6.3.1	社会评价的概念及内容	126
6.3.2	社会评价的过程	128
6.3.3	绿色建筑项目社会评价的方法	128
6.3.4	绿色建筑项目社会评价报告	130

第7章 绿色建筑项目综合评价

133

7.1	我国的绿色建筑评价标准	**134**
7.2	绿色建筑项目的综合评价模型	**136**
7.2.1	基于改进AHP的模糊综合评价法	136
7.2.2	实证分析	138
7.3	基于模糊综合评价法的绿色智慧建筑的综合评价	**143**
7.3.1	基于改进AHP-FCE法的绿色智慧建筑评价指标体系	144
7.3.2	实证分析	147

参考文献

157

第1章
绿色建筑项目及其投资决策概述

1.1 绿色建筑项目概述

1.1.1 绿色建筑的概念和内涵

建筑业的节能减排问题一直受到世界各国的关注，绿色建筑成为近年来学术界研究的热点。

绿色建筑是指在全寿命期内，节约资源、保护环境、减少污染、为人们提供健康、适用、高效的使用空间，最大限度地实现人与自然和谐共生的高质量建筑。坚持人与自然和谐共生的理念，建设高品质绿色建筑，能提高建筑安全、健康、宜居、便利、节约性能，增进民生福祉。

2020年9月22日，中国在第七十五届联合国大会上提出"二氧化碳排放力争于2030年前达到峰值，努力争取于2060年前实现碳中和"以来，已明确碳中和约束目标与实施战略，积极应对全球气候环境挑战。世界绿色建筑委员会（World GBC）于2021年9月15日公布了其长期净零碳建筑承诺的更新，旨在启动"减排优先"的脱碳方法，到2030年将该行业的排放量减半并解决生命周期问题排放。节能减排的绿色建筑，随着时代的发展受到了越来越多的重视。

被称为海洋天堂的马尔代夫临空经济区，人与自然共生的"生命之城"，将热带文化、海洋生态和可持续发展的理念相融合，是典型的绿色建筑（图1.1）。瑞士的奥林匹克之家，国际奥委会总部，低流量水龙头、厕所和雨水收集减少了建筑物的用水量；屋顶的太阳能电池板减少了对电网电力的需求；建筑物表皮通过气密设计和内表皮上的三层玻璃实现极佳的隔热效果，同时向内凹陷和向外凸出的流动形态，获得更多表皮面积用于采光和观景，最大限度地减少了建筑物对环境的影响，也是经典的绿色建筑（图1.2）。

第1章
绿色建筑项目及其投资决策概述

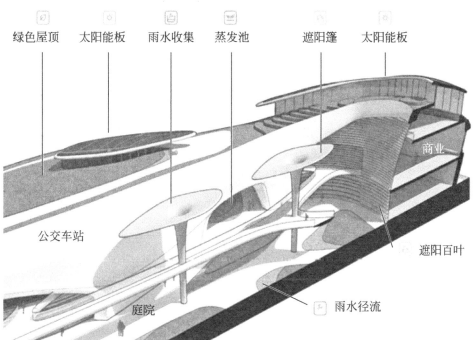

图1.1　绿色建筑——马尔代夫临空经济区节能减排示意图

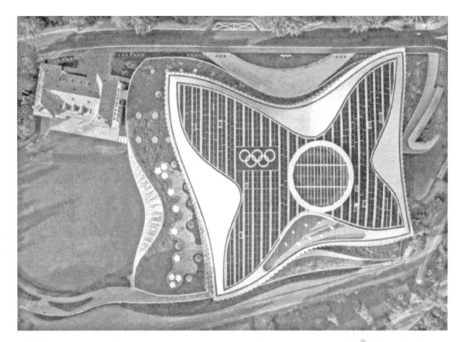

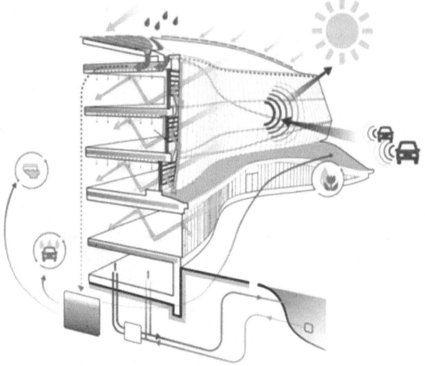

图1.2 绿色建筑——奥林匹克之家节能减排示意图

绿色建筑的内涵主要体现在安全耐久、健康舒适、生活便利、节约资源和环境宜居五个方面。

① 安全耐久。绿色建筑要采用基于性能的抗震设计、保障人员安全的防护措施、具有安全防护功能的产品或配件，针对室内外地面或路面设置防滑设施，实施人车分流措施，并且要选用耐久性高的材料，为用户提供防护性强、使用寿命长的建筑体。

② 健康舒适。绿色建筑的室内空气品质和水质符合相应标准，具有符合规定的隔声和采光性能，保障室内温度、湿度和新风量。

③ 生活便利。绿色建筑周边的出行需便利、无障碍，有便利的公共服务，步行可达城市绿地和公共运动场地等开敞空间，有智慧运行系统和智能化服务系统，拥有完善的物业管理并每年根据用户满意度进行改进。

④ 节约资源。绿色建筑在节约资源方面的要求主要包括节地、节能、节水、节材四个方面。其中，节能是指充分利用节能型电器设备，结合气候和自然资源条件合理利用可再生能源，比如利用太阳能进行光照明和采暖，减少供暖设施的能耗；节地是指高效地利用好有限的土地资源，为用户创造良好的使用环境；节水是指建筑体的建设过程规划中，利用雨水收集系统和污水处理系统，使用较高用水率等级的卫生器具，减少水资源的浪费；节材是指合理选用建筑结构材料与构建，选用可再循环材料、绿色建材，装修选用工业化内装部品。

⑤ 环境宜居。绿色建筑体要注重周边生态环境的保护与修复，合理地规划场地生态与景观，室外物理环境（噪声、风环境等）应优于现行国家标准。

绿色建筑的本质主要体现在节约环保、人与自然和谐及高质量用户体验三方面。第一，绿色建筑注重节约资源、保护环境，即在用户使用建筑的过程中，能尽量降低资源消耗和污染水平；第二，绿色建筑强调用户在使用建筑时，关心爱护建筑周围的生态环境，实现使用者、建筑本身、建筑周边环境三者的和谐共处；第三，绿色建筑强调用户在使用建筑时，能够获得比传统建筑更舒适、安全、健康、便利的高质量体验感。

1.1.2 我国绿色建筑的发展

（1）我国绿色建筑发展的总体趋势

我国绿色建筑项目起步较晚，2011年后开始"井喷式"发展，从2011年的0.4亿平方米，增长到2020年的66.45亿平方米（图1.3）。获得绿色建筑评价标识的项目也越来越多，截至2020年已经累计达到了2.47万个左右（图1.4）。但和其他发达国家相比，我国仍旧处于绿色建筑的发展初期。

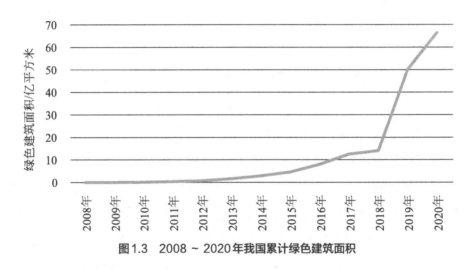

图1.3　2008~2020年我国累计绿色建筑面积

2021年6月8日，住建部等十五部门发布《加强县城绿色低碳建设的意见》，提出大力发展绿色建筑和建筑节能，鼓励发展星级绿色建筑。2022年3月11日，住建部发布《"十四五"建筑节能与绿色建筑发展规划》提出，到2025年，城镇新建建筑全面建成绿色建筑，建筑能源利用效率稳步提升，建筑用能结构逐步优化，建筑能耗和碳排放增长趋势得到有效控制，基本形成绿色、低碳、循环的建设发展方式，为城乡建设领域2030年前碳达峰奠定坚实基础。具体而言，到2025年，建设超低能耗、近零能耗建筑0.5亿平方米以上，装配式建筑占当年城镇新建建筑的比例达到30%，全国新增建筑太阳能光伏装机容量0.5亿千瓦以上，地热能建筑应用面积1亿平方米以上，城镇建筑可再生能源替代率达到8%，建筑能耗中电力消费比例超过55%。

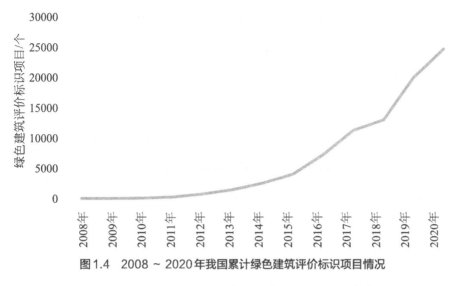

图1.4 2008～2020年我国累计绿色建筑评价标识项目情况

（数据来源：根据住建部公开数据整理）

（2）不同类型绿色建筑的发展趋势

根据建筑使用功能的不同，绿色建筑可以分为公共绿色建筑、居住绿色建筑和工业绿色建筑三种建筑类型。

不同建筑类型的绿色建筑在我国的发展水平也存在差异。总体来说，居住建筑和公共建筑数量占比较高。2012年才开始出现工业建筑，其发展水平较低，占比不到1%。截至2018年年底，在9190个绿色建筑项目中，有39个是公共建筑与居住建筑混合项目，居住绿色建筑和公共绿色建筑的项目数量相差不大，公共建筑项目数量略少于居住建筑项目数量，分别为4741个和4421个，分别占绿色标识项目总量的51%和48%；相比之下，工业建筑只有67项，仅占总绿色建筑标识项目数量的0.73%，发展水平明显低于公共建筑和居住建筑（图1.5）。

1.1.3 绿色建筑项目投融资与评价研究的意义

自2021年下半年以来，房地产企业销售业绩下滑，投资回收不足、融资难度加大成为行业普遍的现象。房地产企业大多面临业绩增速下滑、毛利率下降的压力，转型发展，是房地产企业提升业绩的重要途径之一。有些房地

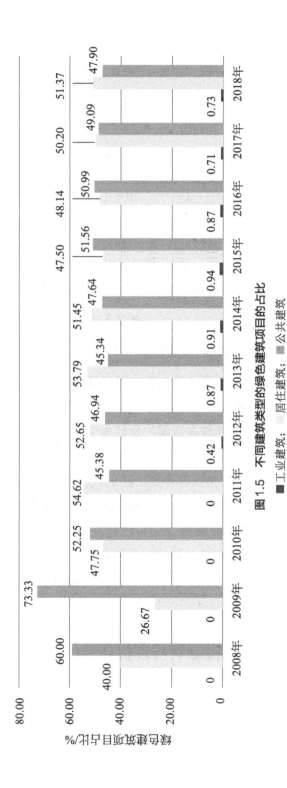

图1.5 不同建筑类型的绿色建筑项目的占比

产企业和建筑公司已将绿色科技地产开发作为一个全新"赛道",随着国家政策对绿色建筑发展的大力支持,绿色建筑项目的投资和融资也比传统建筑项目的投资和融资多了税收优惠效应、绿色金融政策支持等。

现行2019年版的《绿色建筑评价标准》注重"以人为本"和"高质量",从注重建筑本身的绿色化和资源节约问题转变为注重最大限度地实现人与自然的和谐共生的高质量建筑。随着技术的发展和新环保材料的不断使用,绿色建筑的评价标准也被广泛关注并不断更新,很多省也先后出台了适合本省省情的绿色建筑评价标准,合理的评价标准有利于推进绿色建筑的发展。

为了从根本上实现建筑业的绿色发展,有必要研究绿色建筑的投资和融资的决策方法,并明确评估体系和准则。"十四五"是我国推动绿色建筑发展的新时期,绿色建筑项目的投资、融资和评价问题的研究,具有重要的意义。

1.2 项目投资决策概述

1.2.1 项目及其分类

项目是指"为创建某一独特产品、服务或成果而使用有限的资源,组织适当的人员,在一定时间内通过策划、执行、管理等活动进行的一次性努力"。这里的资源指完成项目所需要的人、财、物;时间指项目有明确的开始和结束时间;客户指提供资金、确定需求并拥有项目成果的组织或个人;目标则是满足要求的产品和服务,并且有时它们是不可见的。

按项目性质不同,可将其分为新建项目、扩建项目、改建项目、迁建项目和恢复项目。

(1)新建项目

新建项目是指从无到有,"平地起家"新开始的项目,或原有的规模很小,经过投资建设后新增加的固定资产价值超过原来固定资产价值3倍以上的,也可以算为新建项目。

(2) 扩建项目

扩建项目是指在现有的规模基础上，为扩大生产能力或工程效益而增建的项目。如企业为扩大原有产品的生产能力，增建的主要生产车间及独立的生产线等。

(3) 改建项目

改建项目是指投资者为了提高产品质量、加速技术进步、增加产品的花色品种、促进产品升级换代、降低消耗和成本等，采用新技术、新工艺、新材料等对现有设施、工艺条件进行设备更新或技术改造的项目。

(4) 迁建项目

迁建项目是指由于各种原因，经有关部门批准，将原有设置迁到其他地点建设的项目。

(5) 恢复项目

恢复项目是指因自然灾害、战争等原因，使原有固定资产全部或部分报废又投资恢复建设的项目。

1.2.2 项目的生命周期

一个项目在完成的过程中，项目管理者会依次执行初始项目筛选、立项计划、财务预算规划、制定资源配置方案、规定监管约束条件、项目执行、项目阶段性监察、项目结项验收、项目总结等运作行为，并根据这些运作行为的特征，将每个项目从开始到结束划分成若干个阶段，以便有效地进行管理控制。1976年阿奇博尔德（Archibald）提出了项目生命周期（project life cycle）的相关概念。其理论内涵为：

① 项目生命周期是指项目从起始点到终结点的时间历程；

② 项目从开始到结束要经历若干个特定阶段，前一阶段的产品是下一阶段的输入，对前一阶段进行评审后，经批准进入下一阶段；

③ 人员、技能、组织等因素对项目阶段产生影响；

④ 项目生命周期包括所有阶段。

阿奇博尔德的概念定义得到了理论界与实践界的广泛认可。

项目划分成若干个阶段，与实施该项目组织的日常运作联系起来。这些项目阶段合在一起称为项目生命周期。一般而言，项目生命期被划分为定义、设计、实现和关闭四个基本阶段。

定义阶段——完成什么产品、服务、效果。这里将涉及市场需求分析、项目效益评测等工作。

设计阶段——做什么，如何做。这里将实现对项目时间、所需资源、项目成本等具体问题的规划、测算。

实现阶段——正确地做。资源将在这个阶段消耗，并转移价值。

关闭阶段——移交成品、服务等。在完成计划或超过约束条件的情况下，结束项目活动，释放其占用的资源。

1.2.3 项目投资概述

项目投资是项目投资总额和项目投资结构的总称。项目投资总额是指从项目可行性研究开始，直至项目竣工验收合格所要支出的全部费用。项目投资结构是指投资用于固定资产、流动资金及其他费用方面的分配比例。

项目投资总额包括固定资产投资、流动资金投资、固定资产投资方向调节税和建设期利息四个方面。

项目投资具有投资金额大、变现能力差、影响时间长、投资风险大、对企业的收益影响大、项目之前具有差异性等特点。

项目投资的一般步骤如下。

（1）提出投资项目

企业中各个部门、各个级别的管理人员都可以提出新的投资项目。通常，企业高层领导提出的大都属于战略性投资项目，其方案由生产、市场、财务等各方面专家组成的专门小组拟定；中层或基层人员主要提出战术性投资项目，其方案由主管部门组织人员编写。

（2）评估投资项目

企业对投资项目进行评估的主要步骤如下。

① 预测项目期望未来现金流量。

② 评估项目风险，并根据风险的大小确定对期望未来现金流量进行折现时的折现率。

③ 计算项目期望未来现金流量的现值。

④ 确定项目的成本，运用项目投资决策评估指标，对各项目进行投资可行性排序。

⑤ 撰写评估报告，报送有关部门批准。

（3）对投资项目进行决策

对投资项目进行评估后，公司需要进行决策。一般来讲，投资额较小的项目，中层经理就有决策权；投资金额较大的项目一般由经理决策。

（4）全面启动、运作投资项目

应制订项目投资计划，并且积极地进行筹资，以便投资方案能顺利实施。

（5）投资项目的再评估

在投资项目的执行过程中，要及时发现新问题，不断总结经验。如果出现原决策方案未预计到的重大变化而导致原决策方案的科学性和合理性丧失，就应立即进行追踪决策，以确保该投资项目继续执行能给公司带来价值增值。

其中，项目计算期是指投资项目从投资建设开始到最终清理结束整个过程的全部时间，包括建设期和运营期。

1.2.4　项目投资决策概述

项目投资决策是指在项目投资活动中，为了实现预期的投资目标，在占有大量信息的基础上，运用一定的科学理论、方法和手段，通过一定的程序，对若干个具有可行性的项目投资方案进行研究论证，从中选出最满意的投资方案的过程。即对拟建工程投资项目的必要性和可行性进行技术经济论证，对不同的项目投资方案进行比较选择，并做出判断和决定的过程。

按决策的理论体系，一个决策系统可由四个基本要素组成，项目投资决策也不例外，由以下四个要素组成：决策者、决策目标、决策变量和状态变量。其中,决策变量是指决策者可能采取的各种行动方案,各种方案可以由决策者自己决定。状态变量是指项目决策者所面临的各种自然状态,许多状态包含着各种不确定性因素。

项目投资决策的程序如下。

(1) 投资机会研究与项目初选

对企业或个人投资者而言,投资机会研究就是通过市场需求与供给调查,为企业选择最有利于获得利润的投资领域和投资方向,寻找最有市场发展前景的投资机会。

机会研究的主要内容是:投资项目选择;投资的资金条件、自然资源条件和社会地理条件;项目在国民经济中的地位和对产业结构、生产力布局的影响;拟建项目产品在国内外市场上的需求量、竞争力及替代进口产品的可能性;项目的财务收益和国民经济效益的大致估算预测等。

(2) 提出项目建议书

由投资主体的企业或行业管理部门提出项目建议书,根据国家计委规定,项目建议书的主要内容如下。

① 建设项目提出的必要性和依据。有引进国外技术和进口设备的,还要说明国内外技术差距以及引进的理由。

② 产品方案、拟建规模、建设地点初步设想。

③ 资源情况、建设条件、协作关系以及引进国别、厂商情况初步分析。

④ 投资估算和资金筹措设想。

⑤ 项目的进度安排。

⑥ 经济效果和社会效益初步估算。

(3) 技术部门的可行性研究

根据项目建议书和委托书,委托有资质的工程咨询公司或设计单位进行项目的可行性研究。

(4) 项目评估

项目业主、银行贷款单位、外商投资方、环保等有关部门进行项目评估,作为投资决策的依据。项目评估,也就是项目评价,它包括技术评估、经济评估和社会评估三方面。项目评估主要由项目业主、项目主管部门或主要投资方（如外商）以及贷款银行或专门评估机构，在项目可行性研究的基础上，从项目技术工艺、企业财务、国民经济和社会效益的角度，对拟建项目进行全面的经济技术论证和评审，为投资者做出是否投资和贷款的正确决策。

科学的项目投资决策有利于规避企业发展中的风险，有利于控制企业项目投资中的风险，有利于避免资源无效占用与浪费，有利于提升企业的价值与竞争力，并能为项目投资实践工作提供参考和约束。

绿色建筑项目的投资决策也遵循上述步骤。在"十四五"时期，绿色建筑投资是具有较好市场前景的投资机会，也拥有良好的政策环境。

1.3 绿色建筑项目投资环境

除了自然地理环境、基础设施等基本物质条件外，绿色建筑的政治、经济、市场、文化等投资环境变得越来越重要。

政策环境方面，产业政策对绿色建筑项目提供了大力支持，住建部发布《"十四五"建筑节能与绿色建筑发展规划》，许多省市也出台了各自的绿色建筑发展规划；绿色金融政策也大力助推绿色建筑项目的发展；相关税收制度也引导着"绿色"投资方向。我国已出台的推进绿色建筑发展的相关文件见表1.1。

表1.1 我国已出台的推进绿色建筑发展的相关文件

时间	文件名称	主要内容
2012年4月	关于加快推动我国绿色建筑发展的实施意见	建立健全绿色建筑标准规范及评价标识体系，引导绿色建筑健康发展；建立高星级绿色建筑财政政策激励机制，引导更高水平绿色建筑建设；推进绿色生态城区建设，规模化发展绿色建筑等
2015年11月	被动式超低能耗绿色建筑技术导则	最大限度地降低建筑供暖和供冷需求，并充分利用可再生能源，以更少的能源消耗提供舒适室内环境并能满足绿色建筑基本要求

续表

时间	文件名称	主要内容
2017年3月	建筑节能与绿色建筑发展"十三五"规划	加快提高建筑节能标准及执行质量、全面推动绿色建筑发展量质齐升、稳步提升既有建筑节能水平、深入推进可再生能源建筑应用等
2019年3月	绿色建筑评价标准	重新构建评价指标体系，将原有的"四节一环保"（节能、节地、节水、节材和环境保护）的核心内容拓展为"安全耐久""健康舒适""生活便利""资源节约"和"环境宜居"5大指标，标准覆盖建筑的绿色、安全、健康等多方面性能
2020年7月	绿色建筑创建行动方案	推动新建建筑全面实施绿色设计、完善星级绿色建筑标识制度、推动绿色建材应用、建立绿色住宅使用者监督机制等
2021年10月	关于推动城乡建设绿色发展的意见	到2035年，城乡建设全面实现绿色发展，碳减排水平快速提升，城市和乡村品质全面提升，人居环境更加美好
2022年4月	"十四五"建筑节能与绿色建筑发展规划	到2025年，城镇新建建筑全面建成绿色建筑，基本形成绿色、低碳、循环的建设发展方式

经济环境方面，随着时代的发展，经济发展状况、经济体制、市场状况、原材料供应等，有利于绿色建筑项目的发展。

遵循适应性、安全性、稳定性、引导性等评价标准，可以构建绿色建筑投资环境的评价指标体系，包括投资获利率、投资乘数、投资饱和度、基础设施适应度、投资风险、有效需求率、资源增值率等。

1.4 绿色建筑项目投资机会

1.4.1 PESTEL分析

PESTEL分析又称大环境分析，用于宏观环境分析时，不仅能够分析绿色建筑项目的外部环境，而且能够识别对绿色建筑发展有冲击的因素。

① 政治因素（P）：《"十四五"建筑节能与绿色建筑发展规划》以及各省市出台的绿色建筑管理条例、绿色建筑补贴政策等文件，为绿色建筑发展奠定了基础。

② 经济因素（E）：建筑业的经济结构、产业布局、资源状况，以及经济发展水平、未来的经济走势，都为绿色建筑的发展提供了机会。

③ 社会因素（S）：随着我国教育水平的普遍提高，大众对绿色建筑的认识越来越深入，也追求"绿色"生活模式。

④ 技术因素（T）：在"双碳"目标下，绿色建筑的新技术、新工艺、新材料的不断出现和发展使得节能减排得以实现。

⑤ 环境因素（E）：绿色建筑与周围的人文、生态环境等因素互相融合，很多绿色建筑成了地标建筑。

⑥ 法律因素（L）：有些省编制了绿色建筑的发展规划细则，比如广东省出台了《绿色建筑发展专项规划编制技术导则》，但与绿色建筑相关的法律仍然有待进一步完善。

1.4.2 波特五力模型分析

迈克尔·波特认为行业中存在着决定竞争规模和程度的五种力量：行业内现有竞争者的竞争程度、供应商的讨价还价能力、购买者的讨价还价能力、新进入者的威胁、替代品的威胁，这五种力量综合影响产业的吸引力以及现有企业的竞争战略决策。

根据《中国房地产行业2021年业绩概览及ESG发展机遇》报告，2021年中国前三十家上市房企的营业收入总体同比增长，增速较上年呈现减缓的趋势，利润率同上期比较，仍处于较低水平。绿色低碳将是房地产行业的新型竞争路径，行业内的竞争也将逐年增长；绿色建筑材料作为将来建筑行业发展的大势所趋，供应商也逐年增加；绿色建筑行业的购买者的购买渠道增加、可选的产品种类也逐年增长；新进入者需要有较雄厚的资金实力；当前有"健康建筑"等替代品，但是绿色建筑和健康建筑等均有节水、节电、节材、节能等要求，均以环保、绿色、健康为指引，具有同质性。

1.4.3 SWOT分析

SWOT分析，即基于内外部竞争环境和竞争条件下的态势分析（图1.6），从与研究对象密切相关的内部优势（S）、劣势（W）和外部的机会（O）和威胁（T）等方面进行分析。

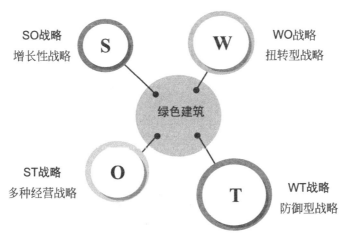

图1.6 SWOT分析情况

绿色建筑项目在"十四五"期间面临着政策利好，具有广阔的发展前景，面对外部机会，营收增速下滑的房企可以采用扭转性战略，其中具有内部优势的房企可以采用多种经营战略。

绿色建筑行业迎来了新的机遇，绿色建筑引领建筑行业转型升级也是大势所趋。我国绿色建筑政策不断出台，国家的财政支持力度不断加大的同时，绿色建筑评价指标也在不断完善，新技术、新材料也在不断推出，这也给绿色建筑发展带来了一定的挑战。

第2章
绿色建筑项目投资估算

绿色建筑项目的投资估算是投资决策的核心内容。投资估算是项目基本经济数据预测的重要环节。这个估算准确与否,直接影响项目建成投产后的企业成本和收益,是项目投资和贷款决策的一个关键问题。

2.1 绿色建筑项目投资估算概述

2.1.1 项目投资估算的概念、阶段划分和影响因素

2.1.1.1 项目投资估算的概念

项目投资估算是指在明确项目的建设规模、产品方案、技术方案、设备方案、厂址方案、工程建设方案以及项目进度计划等的基础上,估算项目从筹建、施工直至建成投产所需的全部投资总额。项目投资估算是项目建设前期编制项目建议书和可行性研究报告的重要组成部分,是项目投资决策的重要依据之一。

项目投资估算有广义的投资估算和狭义的投资估算之分。广义的投资估算是指工程项目在整个投资决策的过程中,依据已有的资料,运用一定的经验方法和手段对拟建工程项目全部投资费用进行的预测和估算。而狭义的投资估算是指在项目建议书及可行性研究阶段,对拟建项目工程造价进行的测算,该估算对工程总造价有一定的控制作用,同时也是设计单位编制设计文件的依据。

项目总投资是投资主体为完成工程项目建设并获取预期收益,所需投入的全部费用总和,包括固定资产投资和流动资产投资。固定资产投资是指从筹建、施工直至建成投产的全部投资项目的费用;而流动资产投资是指可以在一年或者超过一年的一个营业周期内变现或者耗用的资产。固定资产投资包括建设投资和建设期利息。建设投资是固定资产投资的主要构成部分,是为完成工程项目建设,在项目建设期内投入且形成现金流出的全部费用;建设期利息则是指工程项目在建设期间内发生并计入固定资产的利息。建设投资包括工程费用、工程建设其他费用和预备费三部分。工程费用是指建设期内直接用于工程建造、设备购置及其安装的建设投资,可分为建筑安装工程费和设备及工器具购置费;工程建设其他费用是指建设期产生的与土地使用

权取得、整个工程项目建设以及未来生产经营有关的构成建设投资但不包括在工程费用中的费用;预备费是指在建设期内因各种不可预见因素的变化而预留的可能增加的费用,有基本预备费和价差预备费两种。

2.1.1.2 项目投资估算的阶段划分

投资估算贯穿于整个建设项目投资决策过程之中,项目投资估算是在进行初步设计之前伴随各工作阶段的一项重要工作。因不同阶段所掌握的资料和具备的条件有所不同,因而投资估算的准确程度不尽相同,对整个项目所起的作用和影响程度也存在差异。我国工程项目建设前期主要分为项目规划阶段、项目建议书阶段、初步可行性研究阶段、详细可行性研究阶段。随着投资估算阶段的逐步深入,掌握的资料会越来越丰富和详细,进行估算的条件技术也会越来越成熟和完备,故对投资估算要求的准确度也会越来越高。工程项目决策各阶段的投资估算的精度要求见表2.1。

表2.1 工程项目决策各阶段的投资估算的精度要求

序号	工程项目决策阶段	投资估算的允许误差率
1	项目规划阶段	大于±30%
2	项目建议书阶段	±30%以内
3	初步可行性研究阶段	±20%以内
4	详细可行性研究阶段	±10%以内

(1) 项目规划阶段的投资估算

项目规划阶段是指有关部门根据国民经济发展规划、地区发展规划和行业发展规划的要求,编制一个项目的建设规划。这一阶段主要依据工程项目的投资规划,按项目规划的要求和内容,粗略地估算工程项目建设所需的投资数额,是决定一个项目是否展开深入研究的重要依据之一。项目规划阶段对投资估算精度的要求为允许误差大于±30%。

(2) 项目建议书阶段的投资估算

项目建议书阶段是指按项目建议书中的产品方案、项目建设规模、产品主要生产工艺、企业车间组成、初步选择的建厂地点等,估算工程项目建设所需的投资数额。这一阶段项目投资估算用来作为相关管理部门审批项目建议书、初步选择投资项目的主要依据之一，这一阶段的项目投资估算是为了判断一个项目是否需要进行下一阶段的工作。项目建议书阶段对投资估算精度的要求为误差控制在±30%以内。

（3）初步可行性研究阶段的投资估算

初步可行性研究阶段是指在更详细、更深入的资料条件下，大致估算工程项目建设所需的投资数额。这一阶段项目投资估算是初步明确项目方案，为项目下一步进行技术经济论证提供依据，同时是判断一个项目是否进行详细可行性研究的依据。初步可行性研究阶段对投资估算精度的要求为误差控制在±20%以内。

（4）详细可行性研究阶段的投资估算

详细可行性研究阶段的投资估算较为重要。详细可行性研究阶段是指在掌握更详细、更丰富的资料的前提下，通过对项目进行技术经济论证，从而估算工程项目建设所需的投资数额。这一阶段项目投资估算可以对工程项目是否真正可行做出判断，若确定可行，便进入项目评估阶段并作为编制设计任务书的依据。详细可行性研究阶段对投资估算精度的要求为误差控制在±10%以内。

工程项目的投资估算涉及项目规划、项目建议书、初步可行性研究、详细可行性研究，是项目投资决策的重要依据之一。投资估算的准确性不仅影响可行性研究工作的质量和技术经济评价的结果，还直接关系到下一阶段设计概算和施工图预算等的编制。因此，要做到全面准确地对工程项目建设总投资进行投资估算，就要从工程项目建设前期的各个阶段对其进行严格控制。

2.1.1.3 项目投资估算的影响因素

投资估算作为造价控制的龙头，对整个工程项目建设的推进具有指导性作用。但在实际的项目建设中，投资者和建设者往往更多地关注过程中的造价控制，而忽略前期控制即投资估算的影响因素，各方面不确定的因素会导致项目前期投资决策阶段的投资估算存在较大的偏差，从而导致对工程项目建设的评估缺乏科学性和整体性。项目投资估算精度的影响因素主要分为宏观层面和微观层面。

(1) 宏观层面

宏观层面主要是由国家的宏观环境造成的，如国家政治、经济及其他各方面的政策等响因素，这些因素是企业无法控制的，其对于企业的影响往往是比较大的。

① 工程造价方面信息的颁布及变动。如住房和城乡建设部发布新的工程量清单计价式、工程材料和设备信息价的变动等，都会极大地影响投资者在进行投资估算时的风险度。

② 地区工程造价指数。包括各个时期的基准利率，主要反映在人工、材料、机械等生产资料的价格变动方面，该指标可以反映出不同时期工程造价的变化趋势，也是项目成本管理和动态结算的重要依据之一。

③ 当地的自然条件。如施工建设场地的条件、工程地质水文条件、地震烈度等情况有关数据的准确性。

④ 当地的城市基础设施情况。如给水排水、通信、煤气供应、热力供应、公共交通、消防等基础设施配套是否齐全。

⑤ 政府对项目建设的管理。政府规划部门对项目用地确定的建筑密度指标直接影响项目单位面积的土地费用。政府对项目建设程序等的改变将导致工程建设其他费用的变化，以及政府对工程的管理程序、内容、要求的繁简会影响建设单位管理费的多寡。

⑥ 项目投资估算风险。项目投资估算要受诸多不确定性因素的影响，对于这些影响因素，从事项目活动的主体往往因认识不足或没有足够的力量加以控制，使得项目结果偏离预期的目标，这种偏离称为项目的"风险"。在项目投资估算阶段，外部风险主要有社会风险、市场风险、法律风险和政治风险等。

⑦ 地区的人工、材料、机械等各类生产资料的供应情况等。

(2) 微观层面

微观层面主要是由企业自身经营和管理造成的，这些因素是企业能够控制的，可以通过管理者的经验和方法等采取相关措施，来削弱其对工程项目建设投资估算的影响。

① 投资估算方法的选择。投资估算的方法有很多，针对不同的计算方法有其一定的计算精度，也有其一定的适用条件，投资估算方法的选取对投资估算的精度有至关重要的意义。应灵活运用工程造价资料和技术经济指标，切忌生搬硬套，要选择适合当前项目条件的投资估算方法。选择技术经济指标时，必须充分考虑建设期的物价及其变动因素、项目所在地的有利和不利的自然、经济方面的因素，技术经济指标必须用于用途相同、结构相同、工程特征尽可能相符的工程项目中，否则应做必要的调整，对引进国外设备或技术的项目还要考虑汇率的变化。

② 项目投资估算所需资料的实用性、完善性及可靠程度。当采用类似工程的原理进行类比估算时，所用到的估算资料的适用性对于估算结果的影响是非常重要的。根据已建工程的造价资料对拟建工程进行估算，需要保证已建成工程资料的精度，估算资料中尽可能包含工程实际中客观信息以及其在造价中的反映。投资估算指标由于其自身具有的时效性，从指标的搜集、编制、出版、发行，经过一段时间的使用，其指标的实用性已大打折扣。而类似工程的造价资料，诸如技术经济指标之类，目前也缺乏统一管理。详细而可靠的项目技术经济历史资料是提高投资估算准确度的保障，如已经投入项目的实际投资额、相关单元指标、物价浮动指数、项目拟建规模、建筑材料和设备等数据和资料的可靠性。

③ 投资估算人员的知识经验、编制水平等。投资估算误差在所难免，估算编制人员要充分利用工程造价的相关资料，综合考虑各方面专家的意见，并结合自身的知识经验尽量做到全面、准确地完成投资估算的工作。

④ 项目本身的内容和复杂程度。如果拟建项目本身比较复杂、内容较多时，在进行估算工程项目建设所需投资额时就容易发生漏项或者重复计算的情况，从而导致投资估算结果过低或过高，严重影响其准确性。

⑤ 项目设计深度和详细程度。在可行性研究报告的编制过程中普遍存在工程方案、技术方案、设备方案、环境保护措施等方案设计深度不够的情况，依据这样的方案编制投资估算时，估算编制人员工作难度加大，只能依靠个人能力和工作经验判别不确定因素，导致投资估算的准确性大打折扣，给后续设计概算和施工图预算的编制工作留下了隐患。

2.1.2 绿色建筑项目投资估算的原则和依据

绿色建筑项目投资估算是拟建项目前期可行性研究的重要内容，是项目投资决策的重要依据，是项目技术经济评价的基础。投资估算的准确性与合理性，直接决定着项目能否通过主管部门的审批并继续展开下一阶段的工作。因此，在编制工程项目投资估算时应符合以下原则。

① 实事求是的原则。要从实际出发，对项目的相关信息展开深入调查研究，掌握第一手数据资料，不能弄虚作假，避免因数据资料缺乏可靠性与真实性而导致投资估算的结果出现偏差。

② 合理利用资源，效益最高的原则。在市场经济的社会环境下，要学会利用有限的经费、有限的资源，尽可能地满足项目的需要，实现项目效益最大化的目标。

③ 尽量做到快、准的原则。绿色建筑项目的投资估算误差往往比较大，在投资估算的编制过程中，要通过艰苦细致的工作，加强深入研究，积累多方面的资料，尽量做到又快又准地确定项目的投资估算。

④ 适应高科技发展和绿色发展的原则。从投资估算编制人员的角度出发，在资料搜集、信息储存和处理、编制方法选择和使用以及编制过程中的技术手段等方面逐步实现计算机与网络的集成化，学会借助高科技手段完成投资估算的编制工作，造价选用符合国家标准和绿色发展规划的绿色建材。

绿色建筑项目投资估算的依据包括但不限于：

① 《建设项目经济评价方法与参数（第三版）》；

② 《投资项目可行性研究指南》；

③ 《建设项目投资估算编审规程》；

④ 《建设项目可行性研究报告编制深度规定》；

⑤ 《建设工程工程量清单计价规范》；

⑥ 《企业工程设计概算编制办法》；

⑦ 《建设工程监理与相关服务收费管理规定》；

⑧ 各省、市的绿色建筑和绿色设计标准。

2.1.3 绿色建筑项目投资估算的编制

（1）绿色建筑项目投资估算的编制依据

绿色建筑项目投资估算的编制依据是指在编制投资估算时所遵循的计量规则、市场价格、费用标准及工程计价有关参数、费率等基础资料。投资估算的编制依据主要有以下几个方面。

① 项目建议书，可行性研究报告，方案设计（包括设计招标或城市建筑方案设计竞选中的方案设计，其中包括文字说明和图纸）。

② 国家和地方政府的有关法律、法规或规定；政府有关部门、金融机构等发布的价格指数、利率、汇率、税率等有关参数。

③ 行业管理部门、当地造价管理机构或行业协会等编制的投资估算指标、概算指标、工程建设其他费用定额（规定）、综合单价、价格指数和有关造价文件等。

④ 同类工程项目的各种技术经济及指标和参数。

⑤ 当地同期的人工、材料、机械设备等市场信息价。

⑥ 当地建筑工程取费标准，如措施费、企业管理费、规费、利润、税金以及与建设有关的其他费用标准等。

⑦ 项目所在地的现场情况，如地理位置，水文地质条件，交通、供水、供电条件等。

⑧ 经验参考数据，如材料、设备运杂费率，设备安装费率，零星工程及辅材的比率等。

⑨ 委托单位提供的其他绿色建筑项目有关资料。

（2）绿色建筑项目投资估算的编制流程

绿色建筑项目投资估算的编制一般包括静态投资、动态投资与流动资产投资三部分，主要包含以下流程。

① 分别估算各单项工程所需的建筑工程费、设备及工器具购置费、安装工程费，在汇总各单项工程费用的基础上，估算工程建设其他费用、土地出让金、预备费、基本预备费，完成工程项目静态投资部分的估算。

② 在确定静态投资部分的基础上，估算价差预备费和建设期利息，完成工程项目动态投资部分的估算。

③ 估算绿色建筑项目的流动资产投资。

④ 估算绿色建筑项目建设总投资。

2.2 绿色建筑项目静态投资部分的估算方法

作为项目费用重要组成部分的建设投资（也就是上述的工程造价），是进行项目投资财务分析的基础数据。其估算根据项目前期研究不同阶段、对投资估算精度要求以及相关规定加以确定。估算方法主要有资金周转率法、生产能力指数法、系数估算法、比例估算法、指标估算法等。

2.2.1 资金周转率法

资金周转率法是通过资金周转率来测算投资额的一种简单方法，计算公式如下。

$$T = \frac{QP}{C}$$

式中，C 为拟建项目总投资额；Q 为产品的年产量；P 为产品单价；T 为资金周转率。

资金周转率是反映资金周转速度的指标，可以用资金在一定时期内的周转次数表示。计算步骤为：首先，根据已建绿色项目的数据估算出资金周转率；其次，根据已建项目预计的产品年产量和单价确定拟建项目的投资额。资金周转率法适用于项目规划阶段或项目建议书阶段的投资估算。该方法简单明了，计算速度快，但误差较大。

2.2.2 生产能力指数法

生产能力指数法相对于单位生产能力估算法的改进之处在于，将生产能力和造价之间的关系考虑为一种非线性的指数关系,在一定程度上提高了估算的精度,其计算公式如下。

$$C_2 = C_1 \left(\frac{Q_2}{Q_1}\right)^n f$$

式中,C_1 为已建绿色建筑项目的工程造价;Q_1 为已建绿色建筑项目的生产能力;C_2 为拟建绿色建筑项目的工程造价;Q_2 为拟建绿色建筑项目的生产能力;f 为总和调整系数;n 为生产能力指数,$0 \leq n \leq 1$。

生产能力指数法的关键是生产能力指数的确定,一般需要结合行业特点以及可靠的例证来确定,不同生产率水平和不同性质的项目中,生产能力指数的取值是不同的。若拟建项目与已建类似项目的规模相差不大,生产规模比值为 0.5~2,则指数 n 的取值近似为 1;若拟建项目与已建类似项目的规模比值为 2~50,且拟建工程项目规模的扩大仅靠增大设备规格来达到时,则 n 取值为 0.6~0.7;若靠增加相同规格设备的数量来达到时,n 取值为 0.8~0.9。对于总承包工程而言可以作为投资估算的旁证,在进行总承包工程报价时,承包商大都采用这种方法估算工程项目的总投资额。生产能力指数法多适用于项目建议书阶段的投资估算。该方法计算简便,速度快,计算精确度略高,误差在 20% 以内。

2.2.3 系数估算法

系数估算法也称因子估算法,它是以拟建项目的主体工程费或主要设备费为基数,以其他工程费占主体工程费的比例(%)为系数来估算项目总投资的方法。系数估算法包括的方法较多,如设备系数法、主体专业系数法、朗格系数法等。

① 设备系数法和主体专业系数法。设备系数法(主体专业系数法)以拟建项目的设备费(拟建项目中最主要、投资比重较大并与生产能力直接相关的工艺设备投资)为基数,根据已建成的同类项目中建筑安装工程费和其他工程费(或建设项目中各专业工程费用)等占设备价值的比例(%),求出拟建项目建筑安装工程费和其他工程费,进而求出项目总投资,其计算公式如下。

$$C=E(1+f_1P_1+f_2P_2+f_3P_3+\cdots)+I$$

式中，C 为拟建绿色建筑项目的工程造价；E 为拟建绿色建筑项目的设备费；P_1，P_2，$P_3\cdots$ 为已建绿色建筑项目中建筑安装工程费和其他工程费（或建设项目中各专业工程费用）等占设备价值的比例（%）；f_1，f_2，$f_3\cdots$ 为因时间、空间等因素变化的总和调整系数；I 为拟建绿色建筑项目的其他费用。

② 朗格系数法。该方法以拟建绿色建筑项目的设备费为基数，乘以适当的系数来推算项目的建筑费用，其计算公式如下。

$$C = E(1+\sum K_i)(1+\sum K_j) = EL$$

式中，C 为拟建绿色建筑项目的工程造价；E 为拟建绿色建筑项目的主要设备费；K_i 为附属设施（管线、仪表、安装、土建等）费用的估算系数；K_j 为管理费、合同费、应急费等项目费用的估算系数；L 为朗格系数，$L=(1+\sum K_i)(1+\sum K_j)$。

此方法比较简便快捷，但没有考虑设备的规格、材质的差异，精度不高。只要掌握准确朗格系数法，估算误差为 10%～15%。朗格系数法多用于项目建议书阶段的投资估算。

2.2.4　比例估算法

比例估算法是根据已建成的类似工程项目中主要设备购置费占整个工程项目的投资比例，先逐项估算出拟建项目的主要设备购置费，再按比例估算拟建过程项目静态投资费用的方法，其计算公式如下。

$$C = \frac{1}{K}\sum_{i=1}^{n}Q_iP_i$$

式中，C 为拟建绿色建筑项目的工程造价；K 为已建成绿色建筑项目主要设备投资占项目总造价的比例；n 为主要设备种类数；Q_i 为第种主要设备的数量；P_i 为第 i 种主要设备的购置单价。

该方法主要应用于设计深度不足，拟建工程项目与已建成类似工程项目的主要设备购置费比重都比较大，并且行业内相关基础资料完备的情况。

2.2.5 指标估算法

指标估算法是国内使用最广泛的一种方法，多用于可行性研究阶段的工程项目投资估算。指标估算法是指依据投资估算指标，对各单位工程或单项工程费用进行估算，进而估算工程项目总投资的方法，其估算要点有以下几个方面。

（1）设备和工器具购置费估算

分别估算各单项工程的设备和工器具购置费，需要主要设备的数量、出厂价格和相关运杂费资料。一般运杂费可按设备价格的比例（%）估算，主要设备以外的零星设备费可按占主要设备费的比例估算，工器具购置费一般也按占主要设备费的比例估算。

（2）安装工程费估算

在可行性研究阶段，安装工程费一般可以按照设备费的比例估算。该比例需要通过经验判定，并结合该装置的具体情况确定；也可按设备吨位乘以吨安装费指标，或安装实物量乘以相应的安装费指标估算；条件成熟的，还可按概算法估算。

（3）建筑工程费估算

建筑工程费估算一般按单位综合指标法，即用工程量乘以相应的单位综合指标估算。在实际工作中，要根据国家有关规定、投资主管部门或地区颁布的估算指标，结合工程的具体情况编制。若套用的指标与具体工程之间的标准或条件有差异时，应加以必要的换算或调整。使用的指标应密切结合每个单位工程的特点，能正确反映其设计参数，切勿盲目地单纯套用一种指标。

采用指标估算法估算建设投资时，要注意对工艺流程、定额、价格及费用标准进行分析，若用的估算指标若与拟建工程的标准或条件有差异时，应加以必要的换算或调整；要注意所使用的估算指标及单位，应符合拟建工程的特点，能反映其设计参数，切勿盲目乱用估算指标。

2.3 绿色建筑项目动态投资部分的估算方法

动态投资部分包括价差预备费、建设期利息和流动资金三部分。动态部分的投资估算应以基准年静态投资的资金使用计划为基础来计算,而不是以编制年的静态投资费用为基础计算。

2.3.1 价差预备费

价差预备费是指为在建设期内利率、汇率或价格等因素的变化而预留的可能增加的费用,亦称价格变动不可预见费。价差预备费的内容包括:人工、材料、设备、施工机具的价差费,建筑安装工程费及工程建设其他费用调整,利率、汇率调整等增加的费用。价差预备费一般根据国家规定的投资综合价格指数,按估算年份价格水平的静态投资额为基数,采取复利计算的方法,其计算公式如下。

$$PF = \sum_{t=1}^{n} I_t \left[(1+f)^m (1+f)^{0.5} (1+f)^{t-1} - 1 \right]$$

式中,PF 为价差预备费;n 为建设期年份数;I_t 为建设期中第 t 年的静态投资计划额,包括工程费用、工程建设其他费用及基本预备费;f 为建设期价格年上涨率;m 为建设前期年限。

2.3.2 建设期利息

建设期利息主要是指在建设期内发生的为工程项目筹措资金的融资费用及债务资金利息。建设期利息按当年借款在年中支用计算,即当年借款按半年计息,上年借款按全年计息,其计算公式如下。

$$I_j = \left(D_{j-1} + \frac{1}{2} A_j \right) i$$

式中,I_j 为建设期第 j 年应计利息;D_{j-1} 为建设期第 (j−1) 年年末累计贷款本金和利息之和；A_j 为建设期第 j 年贷款金额；i 为年利率。

2.3.3 流动资金估算

流动资金是指生产经营性项目投产后，为进行正常生产运营，用于购买原材料、燃料，支付工资及其他经营费用等所需的周转资金，即项目运营需要的流动资产投资。流动资金的估算，不仅要考虑应付账款、预收账款对流动资金的抵减作用，还需要考虑资金周转效率。资金周转得越快，需要的流动资金越少；反之，则需要的流动资金越多。流动资金一般应在项目投产前开始筹措，为了简化计算，流动资金可在投产第一年开始安排。流动资金的估算方法可采用分项详细估算法和扩大指标估算法。

（1）分项详细估算法

分项详细估算法是根据项目的流动资产和流动负债，估算项目流动资金的方法。其中，流动资产的构成要素一般包括存货、库存现金、应收账款和预付账款。流动负债的构成要素一般包括应付账款和预收账款。相关计算公式如下。

$$流动资金 = 流动资产 - 流动负债$$
$$流动资产 = 应收账款 + 预付账款 + 存货 + 库存现金$$
$$流动负债 = 应付账款 + 预收账款$$
$$流动资金本年增加额 = 本年流动资金 - 上年流动资金$$

进行流动资金估算时，首先要计算各类流动资产和流动负债的年周转次数，然后分项进行详细估算。

① 年周转次数。年周转次数是指流动资金的各个构成项目在一年内完成多少个生产过程，其计算公式如下。

$$年周转次数 = \frac{360}{流动资金最低周转天数}$$

各类流动资产和流动负债的最低周转天数，可参照同类企业的平均周转天数并结合项目具体特点确定。除此之外，还应考虑储存天数、在途天数以及适当的保险系数。若年周转次数已知，可按如下公式计算各项流动资金年平均占用额度。

$$各项流动资金年平均占用额度=\frac{年周转额度}{年周转次数}$$

② 应收账款。应收账款是指企业对外销售商品、提供劳务尚未收回的资金。应收账款的周转额度应为全年赊销销售收入，在流动资金估算时，可用年销售收入代替赊销收入，其计算公式如下。

$$应收账款=\frac{年销售收入}{应收账款年周转次数}$$

③ 预付账款。预付账款是指企业未购买各类材料、半成品或服务所预先支付的款项，其计算公式如下。

$$预付账款=\frac{外购商品或服务年费用}{预付账款年周转次数}$$

④ 存货。存货是指企业为销售或者生产耗用而储备的各种物资，主要有原材料、辅助材料、燃料、低值易耗品、维修备件、包装物、在产品、自制半成品和产成品等。为简化计算，在投资估算中仅考虑外购原材料、燃料、其他材料、在产品和产成品，并分项进行计算，其计算公式如下。

$$存货=外购原材料、燃料+其他材料+在产品+产成品$$

$$外购原材料、燃料=\frac{年外购原材料、燃料费用}{外购原材料、燃料年周转次数}$$

$$其他材料=\frac{年其他材料费用}{其他材料年周转次数}$$

$$在产品=\frac{年外购原材料、燃料费用+年工资及福利费+年修理费+年其他制造费用}{产成品年周转次数}$$

$$产成品=\frac{年经营成本-年其他营业费用}{产成品年周转次数}$$

⑤ 库存现金。库存现金是指企业为维持正常生产运营必须预留的货币资金，包括现金和银行存款，其计算公式如下。

$$库存现金=\frac{年工资及福利费+年其他费用}{库存现金年周转次数}$$

年其他费用=制造费用+管理费用+营业费用-（以上三项费用中所含的工资及福利费、折旧费、摊销费、修理费）

⑥ 流动负债。流动负债是指在一年或者超过一年的一个营业周期内，需

要偿还的各种债务,包括短期借款、应付票据、应付账款、预收账款、应付工资、应付福利费、应付股利、应交税金、其他暂收应付款、预提费用和一年内到期的长期借款等。在项目的投资估算中,流动负债只考虑应付账款和预收账款两项,其计算公式如下。

$$应付账款 = \frac{外购原材料、燃料动力费及其他材料年费用}{应付账款年周转次数}$$

$$预收账款 = \frac{预收的年营业收入}{预收账款年周转次数}$$

(2)扩大指标估算法

扩大指标估算法是根据现有同类企业的实际资料,求得各种流动资金率指标,亦可依据行业或部门给定的参考值或经验值确定比率,将各类流动资金率乘以相对应的费用基数来估算流动资金。扩大指标估算法适用于项目建议书阶段的投资估算,一般常用的基数有营业收入、经营成本、总成本费用和建设投资等。年流动资金额计算公式如下。

$$年流动资金额 = 年费用基数 \times 各类流动资金率$$

2.4 控制与优化

2.4.1 绿色建筑项目投资估算存在的问题

绿色建筑项目投资估算的准确与否直接影响着下一阶段工作的开展与进行,在我国现有的工程项目管理体系中,大部分项目估算的投资额是不能一次性到位的,导致当前普遍存在着"三超"的现象。出现这些问题的原因主要有以下几个方面。

(1)对投资估算的重视程度不够

目前我国绿色建筑项目工作的重点在建设项目实施阶段,只重视建设项目的承包价、实施过程的变更造价以及结算价,而对工程可行性研究阶段和初步设计阶段造价管理没有给予足够的重视。在建筑材料价格不稳定时,把工程造价的失控归根于材料价格上涨，在材料价格较平稳时，把工程造价的失控归根于没有足够重视设计阶段工程造价的有效控制。而很少将工程造价失控归结于没有足够重视可行性研究阶段投资估算的合理确定。

（2）对基础资料调查工作不够重视

资料调查是一项很重要的基础工作，直接影响投资估算编制工作的质量，影响项目下一步工程造价的确定。但很多设计部门仍然存在重设计轻造价的思想，对项目定位的研究不够深入、建设标准不明确、对投资估算重视程度不够高，加上方案设计深度本身的原因等，造成投资估算与最后的工程结算偏差较大。

（3）沟通不够深入

基于项目定位和建设标准研究的投资估算过程是业主与设计单位的互动过程。在可行性研究报告的编制过程中，市场需求预测、方案设计、布局规划、投资估算、经济评价等部分常常会由不同的专业人员编制，这样往往会出现各部分工作之间不能有效衔接和沟通。方案设计和布局规划的编制人员本着技术先进性的原则，只注重工艺技术方案、工程结构形式及新技术的运用，而不考虑项目的经济成本。在投资估算时，估算人员如果机械地按照方案设计和布局规划测算工程量，进行该项费用的估算，将会出现：出于技术上的先进性而使投资额远远超出建设单位投资能力的情况，造成投资过高。

（4）缺乏事后反馈

在估算精度上没有进行进一步的讨论和研究，估算人员没有对项目进行跟踪，对于项目投资估算和决算的偏差原因、偏差的指标和偏差量，没有反馈机制。

（5）现行的投资估算编制方法缺乏针对性

绿色建筑项目作为建设项目的一种，具备建设项目所共有的一些特性，但由于绿色建筑项目本身的特性，使得现行的建设项目投资估算编制方法缺乏针对性，没有体现出绿色建筑项目本身特性对绿色建筑投资估算的影响。但现在又没有专门的绿色建筑的投资估算方法，如果在估算时不做区分或者是区分不明确、不科学，将导致估算的重大偏差。

（6）估算人员的素质参差不齐

许多估算人员没有工程经验和估算经验，造价知识不扎实，估算的工作态度不认真，存在估算内容的错误、漏项、多项和重复情况。

2.4.2 优化投资估算的建议

绿色建筑项目投资估算对于投资决策过程具有指导性作用，是编制项目建议书和可行性研究报告的重要依据，投资估算的准确与否直接影响着后续工作的开展与进行。实现投资估算在项目投资控制中的作用，是一项有价值、有意义的工程。只有通过全社会的参与、各方面人才的配合，才能为后续的设计概算、施工图预算、竣工决算奠定坚实的基础。

（1）加快投资估算指标的更新速度

投资估算指标往往根据历史的预、决算资料和价格变动等资料编制，其编制基础依照的是预算定额、概算定额和估算指标。由于科学技术的不断进步，新材料、新工艺、新技术不断涌现，定额的时效性问题突出，满足不了建设发展的需要，因此要对估算指标加快更新速度，及时吸收新技术，不断提高质量水平。

（2）建立价格信息网络，加强设备材料的动态管理

面对庞大的建筑市场，仅靠各地造价部门采集价格显然是不够的，应当建立一套以标准定额信息中心为核心的各地造价管理部门、设备生产厂家和材料销售部门参加的价格信息网络系统。同时设立信息专员，及时提供和反馈价格信息，如设备价格指数每半年或一年发布一次，材料每季度或每月发布一次，形成一套较完整的价格体系，为设备和材料价格的动态管理提供可靠依据。

（3）保证设计深度，增强设计人员责任感

投资控制贯穿于工程项目建设的全过程，设计专业也有义不容辞的责任。设计文件必须达到国家规定的设计深度，严格执行设计标准，保证工程质量，建立健全质量保证体系，设计人员要强化经济意识，增强设计责任感，做到

技术与经济的有机结合。

（4）全面了解工艺流程，谨防估算漏项

凡是生产性工程项目，均有其工艺生产流程程序，并有与之配套的辅助生产设施。就编制人员而言，在操作时应做到两点：第一，亲临类似生产现场，认真了解生产工艺流程，关注生产设施以及相应辅助公用设施；第二，紧密结合设计方案的条件，合理运用有关工程的概预算资料，尽量考虑齐全，避免出现漏算、少算现象。

（5）及时积累已完工程，总结经验

做好估算工作要注意积累与总结，发现问题，弄清原委。可分别从项目综合指标、投资比例、预算有关资料的技术经济指标着手进行归纳，在平时的工作中注意积累及收集施工图预算的指标，包括一些主要的工程实物量，分门别类进行归纳整理。有了预算指标资料，在估算投资时才可以操作自如、得心应手。

第3章
绿色建筑项目投资决策方法与风险

3.1 绿色建筑项目投资决策的方法

绿色建筑项目投资决策是一项复杂的、系统的工程，相比于传统建筑项目，要求决策者在进行建设项目投资决策时要建立一套综合、科学、合理的决策指标体系，在考虑项目技术要求和经济效益的同时还应兼顾社会、环境等多方利益，对项目的必要性、可行性、合理性做出较为科学、正确的判断。

3.1.1 投资回收期法

投资者一般都十分关心投资的回收速度，为了减少投资风险，都希望越早回收投资越好。于是，资金回收的时间跨度就成了一项重要的指标，即被称为投资回收期。投资回收期是指以项目通过资金回流累加来回收最初的投资资金的时间年限。投资回收期分为静态投资回收期和动态投资回收期。

（1）静态投资回收期

静态投资回收期是指在不考虑资金时间价值的条件下，以项目的净收益回收其全部投资所需要的时间。以项目建设开始的年份算起，其计算公式如下。

$$\sum_{t=0}^{P_t}(CI-CO)_t = 0$$

式中，P_t 为绿色建筑项目的静态投资回收期；CI 为现金流入量；CO 为现金流出量；$(CI-CO)_t$ 为第 t 年的净现金流量。

若项目的年净收益（即净现金流量）均相同，均为 K，则在项目总投资为 A 的情况下，其计算公式如下。

$$P_t = \frac{A}{K}$$

若项目的年净收益不同，其计算公式如下。

$$P_t = \text{累计净现金流量开始出现正值的年份} - 1 + \frac{\text{上一年累计净现金流量绝对值}}{\text{当年净现金流量}}$$

投资回收期越短,表明项目的盈利能力和抗风险能力越好。在利用投资回收期指标评价投资项目时,将计算出的静态投资回收期P_t与所确定的基准投资回收期P_c相比较,若$P_t \leq P_c$,则项目是可以接受的;若$P_t > P_c$,则项目应予以拒绝。

(2)动态投资回收期

动态投资回收期增加了对资金时间价值的考虑,将未来的每笔收益都用折现率进行折现,然后计算投资回收期。以项目建设开始的年份算起,其计算公式如下。

$$\sum_{t=0}^{P_t}(CI-CO)_t(1+i_c)^{-t}=0$$

式中,P_t为绿色建筑项目的动态投资回收期;i_c为基准收益率。

在实际应用中,按照如下公式计算。

$$P_t = \text{累计现金流量现值出现正值的年份} - 1 + \frac{\text{上一年累计净现金流量现值绝对值}}{\text{当年净现金流量的现值}}$$

3.1.2 投资收益率法

投资收益率(ROE)是指投资收益(税后)占投资成本的比率,反映了投资方案盈利程度,其计算公式为

$$ROE = \frac{R}{I} \times 100\% = \frac{S-C-D-T}{I} \times 100\%$$

式中,R为年利润总额;I为项目总投资额;S为年销售收入;C为年经营成本;D为年折旧额;T为年销售税金。

投资收益率反映项目投资的收益能力。一般情况下,当静态投资收益率大于其他行业的标准投资收益率时,则该方案是可以接受的。

3.1.3 净现值法

净现值是指用一个预定的基准收益率(或设定的折现率),分别把整个计算期间内各年所产生的净现金流量都折现到投资方案开始实施时的现值之和,

其计算公式如下。

$$\text{NPV} = \sum_{t=0}^{n} (\text{CI} - \text{CO})_t (1 + i_c)^{-t}$$

式中，NPV为净现值，$(CI-CO)_t$为第t年的净现金流量；i_c为基准收益率；n为方案计算期。

净现值是评价项目在计算期内获利能力的动态评价指标。当NPV≥0时，说明该项目是可以接受的。如果进行方案比选，则净现值大的方案较优。

此外还有净年值法和净年值率法

净年值是指按给定的折现率，通过等值换算将项目投资方案计算期内各个不同时点的净现金流量分摊到计算期内各年的等额年值，其计算公式如下。

$$\text{NAV} = \text{NPV} \left(\frac{A}{P}, i, n \right)$$

式中，NAV为净年值；NPV为净现值；$(A/P, i, n)$为年金系数，A为年金，P为现值，i为折现率，n为方案计算期。

净年值法就是通过净年值来判断项目是否可行。当NAV≥0时，说明该项目是可以接受的。若多项目投资方案比选时，净年值越大的方案越优。

净年值率是项目投资方案的净年值与投资现值的比率，其计算公式如下。

$$\text{NAVR} = \frac{\text{NAV}}{C}$$

式中，NAVR为净年值率；NAV为净年值；C为项目投资总额的现值。

净年值率表示单位投资除获得符合设定折现率要求的年净收益外，还可获得的超额净收益。当NAVR＞1时，说明该项目是可以接受的。若进行方案的比选，则净年值率大的方案较优。

3.1.4 现值指数法

现值指数是指未来现金流入现值与现金流出现值的比率，其计算公式如下。

$$\text{PVI} = \frac{\sum_{t=0}^{n} I_t (1+i)^{-t}}{\sum_{t=0}^{n} O_t (1+i)^{-t}}$$

式中，PVI 为现金指数；I_t 为未来现金流入量；O_t 为未来现金流出量；i 为基准收益率。

现值指数可以看成是原始投资可望获得的现值净收益，因此，可以作为评价方案的一个指标。它是一个相对数指标，反映投资的效率。当 PVI＞1 时，说明该项目是可以接受的。

3.1.5 内含报酬率法

内含报酬率指能够使未来现金流入量现值等于未来现金流出量现值的折现率，或者说是使投资方案净现值为零的折现率。它反映项目所占资金的盈利率，是考察项目资金使用效率的重要指标，其定义式如下。

$$\sum_{t=0}^{n}(CI-CO)_t(1+IRR)^{-t}=0$$

式中，IRR 为投资内含报酬率；$(CI-CO)_t$ 为第 t 年的净现金流量。

内含报酬率的计算除通过上式求得外，通常根据现金流量表中的累积净现值，采用线性内插法计算求得其近似解

$$IRR = i_1 + \frac{|NPV_1|}{|NPV_2|+|NPV_1|}(i_2-i_1)$$

式中，i_1 为试算的低贴现率；i_2 为试算的高贴现率；NPV_1 为 i_1 对应的净现值；NPV_2 为 i_2 对应的净现值；i_2-i_1 的值为 3%～5%。

项目的内部收益率越高，其经济性也就越好。项目的设定收益率为 i_0（行业基准收益率），当 IRR＞i_0 时，说明项目的收益率已达到或超过设定折现率水平，项目是可以接受的。

3.1.6 实物期权法

Myers（1977 年）首次提出"实物期权"概念，并将金融期权理论引入投资决策领域。实物期权就是以期权概念定义实物资产的选择权，即投资者在长期投资决策后拥有的选择权，也是投资者持有的在未来一段时间内以一定的价格取得或出售某项资产或进行某项经济活动的权利。通过对实物期权定

价模型的修正和改进，可以进行项目、公司价值的评估，从而进行投资决策。实物期权法主要使用 Black-Scholes 模型。

$$\mathrm{d}X_t = \mu X_t \mathrm{d}t + \sigma X_t \mathrm{d}W_t \quad t \geqslant 0$$

式中，μ 为漂移系数；σ 为扩散系数，可根据历史数据由参数估计法确定；X_t 为股票价格；W_t 为布朗运动。

由此可以给出股票价格 $X_t = X_0 \exp\left\{\left(r - \dfrac{\sigma^2}{2}\right)t + \sigma W_t\right\}$，其中 σ 是波动率，相应地，期权的价值的评估值是 $V_t = X_t N(d_1) + K\exp[-r(T-t)]N(d_2)$，$t \leqslant T$，其中 K 是期权敲定价格（Strike Price），$N(\cdot)$ 是标准正态随机变量的累积分布函数，

$$d_1 = \dfrac{\ln\dfrac{X_t}{K} + \left(r + \dfrac{\sigma^2}{2}\right)(T-t)}{\sigma\sqrt{T-t}}, \quad d_2 = d_1 - \sigma\sqrt{T-t}。$$

3.1.7 其他方法

（1）S 曲线非确定性经济评价法

由于绿色建筑项目的各种不确定性，非确定性模型因此被引入投资决策分析中，包括决策树、基于贝叶斯定理的 VOI 方法、蒙特卡洛模拟等，用以解决特定类型的投资决策问题。但是这些传统的非确定性模型和方法不具有通用性，各自存在一定的应用局限性，且不能很好地对项目技术经济风险进行量化和分析。而 S 曲线非确定性经济评价法提供了一套具有一定通用性的评价方法和决策分析机制，能够较好地完成项目经济风险量化分析、计算盈亏平衡概率，并提供决策所需要的各种比较分析。

（2）多属性风险期望效用方法（MREU）

MREU 是处理多属性风险决策问题的一种规范性方法，MREU 考虑多个相互冲突的风险的准则，通过定义每个单一属性期望效用函数最终合并组成一个多属性期望效用函数，使 MREU 理论和方法在绿色建筑投资决策领域应用成为可能。使用时需要结合投资环境风险、技术风险、操作风险等风险要素进行分析。

此外，还有基于投影寻踪-灰色理论的投资决策方法、基于直觉模糊信息的多属性决策方法等。

3.2 互斥型项目的投资决策方案的比选

互斥型项目是指为实现同一目标的几个项目互相排斥、彼此可以相互代替，选择了其中一个项目，就意味着自动排斥这组项目的其他项目。其特点是项目具有排斥性。绿色建筑项目投资者拥有资金和其他资源的有限性，使得难以实施所有的投资方案，从而需要在各个方案之间做出选择。互斥型项目可以分别评价，至多只能选择其中一种，互斥型项目分为项目寿命相等和不等两种情况。

3.2.1 寿命相等的互斥方案比选

寿命相等是指互斥项目方案的生命周期相同，对于寿命相等的互斥型项目，通常将项目的寿命期设定为共同的分析期，以便在利用资金等值原理进行经济效果评价时，保证项目在时间上的可比性，分别采用差额投资内部收益率法、净现值法、年值法或净现值率法得到项目选择结果。选用效益相同或效益基本相同但难以估算的方案进行比较时，可采用最小费用法。在对多个互斥方案进行分析时，必须在前面所述分析方法的基础上，进行增量分析，也就是对增量投资大的方案与投资小的方案的投资差额所产生的增额效益进行分析。

（1）差额投资回收期法

差额投资回收期法是指将一个投资方案比另一个投资方案多投资的部分与由此带来的收益变化额进行比较，借助标准投资回收期以决定方案之间相对优劣的判断方法。如果增额投资部分判断可行，则值得在较小投资方案的基础上增加此部分投资，即投资大的方案较优；否则就不值得增加投资，即投资小的方案较优。

差额投资回收期法在不计利息的条件下,用投资额大的方案比投资额小的方案所节约的经营成本,来计算回收期差额投资所需的期限,其计算公式如下。

$$T = \frac{K_2 - K_1}{P_2 - P_1}$$

当两个项目投资方案收入相等,即 $R_2=R_1$ 时,上式也可转化为如下公式。

$$T = \frac{K_2 - K_1}{C_2 - C_1}$$

式中,K_1、K_2 为方案1、方案2的总投资额;P_1、P_2 为方案1、方案2的年净收益额;R_1、R_2 为方案1、方案2的年总收入额;C_1、C_2 为方案1、方案2的年总成本额。

设为标准投资回收期,当 $T \leq T_0$ 时,方案2(投资大者)优于方案1(投资小者),因为增量投资回收得快。增量投资回收期法的应用前提是各方案满足可比要求。当有多个方案进行比较选优时,首先要将其排序,以投资总额从小到大排列,再两两比较选优。增量投资回收期法只能用来衡量方案之间的相对经济性,不能反映方案自身的经济效益。

(2)差额净现值法

差额净现值法就是通过比较多个项目之间的净现值差额来择优选取。差额净现值就是投资大的方案相对于投资小的方案的逐年增量净收益按基准收益率折算成现值的代数和。假设A、B两个互斥方案,A的投资大,则

$$\Delta \text{NPV}_{A-B} = \sum_{t=1}^{n} [(\text{CI}_A - \text{CO}_A)_t - (\text{CI}_B - \text{CO}_B)_t](1+i)^{-t} = \text{NPV}_A - \text{NPV}_B$$

式中,$(\text{CI}_A - \text{CO}_A)_t$ 为方案A第 t 年的净现金流;$(\text{CI}_B - \text{CO}_B)_t$ 为方案B第 t 年的净现金流。

当 $\Delta \text{NPV}_{A-B} > 0$,即 $\text{NPV}_A > \text{NPV}_B$ 时,则A方案优于B方案;当 $\Delta \text{NPV}_{A-B}=0$ 时,则两个方案等价。这个判断标准,实质上就是对比方案净现值最大准则,其结论不用计算差额净现值亦可得出。

(3)差额投资内含报酬率法

差额投资内含报酬率法是使增量投资所带来的逐年增量净收益折现值的

代数和为零的折现率，也可以定义为使两个互斥方案的逐年净收益的现值累计相等的折现率。在多个方案比较中，若采用收益率法来分析，则不能仅按内部收益率的大小来判断方案的优劣，而应以增量内含报酬率来分析，其计算公式如下。

$$\sum_{t=1}^{n}\left[(CI_A - CO_A)_t - (CI_B - CO_B)_t\right](1 + \Delta IRR)^{-t} = 0$$

式中，$(CI_A-CO_A)_t$ 为方案A第t年的净现金流；$(CI_B-CO_B)_t$ 为方案B第t年的净现金流；ΔIRR 为差额投资内含报酬率；n 为项目计算期。

设 IRR_0 为标准折现率，当 $\Delta IRR \geqslant IRR_0$ 时，则选取投资额较大的方案；反之，投资额小的方案优于投资额大的方案。增量内含报酬率反映的是增量投资的经济效益，它适用于比较投资额不等的方案之间的相对优劣。因此，要了解各备选方案的经济效益能否达到绝对检验标准，仍需用内含报酬率或净现值指标进行衡量。

3.2.2 寿命不等的互斥方案比选

当几个互斥型项目投资方案的寿命不等时，则不能直接进行比较，需要进行适当处理才能保证时间上的可比性。通常选择最小公倍数法和年值法进行比较，以保证时间的可比性。

（1）计算期统一法

计算期统一法是指通过对计算期不相等的多个互斥方案选定一个共同的计算分析期，以满足时间可比性的要求，进而根据调整后的评价指标来选择最优方案的一种方法。

① 最小公倍数法。最小公倍数法是在假定方案可以重复实施的基础上，以各方案寿命的最小公倍数作为共同的分析期，一般只适用于方案的使用寿命之间是整数倍比关系的情况，否则共同的分析期会很大。该法计算出的净现值用于寿命不等但互斥的方案评价的判别准则是：净现值大于等于零且净现值最大的方案是最优可行方案。对于仅有或仅需计算费用现金流的互斥方

案，可以按照上述方法计算费用现金值进行比选，判别准则是，费用现值最小的方案为最优方案。

② 最短计算期法。最短计算期法是指在将所有方案的净现值均还原为等额年回收额的基础上，再按照最短的计算期来计算出相应净现值，进而根据调整后的净现值指标进行多方案比较决策的一种方法。该方法的计算步骤为：

a. 计算每一个方案的净现值；

b. 计算每一个方案的年等额净回收额；

c. 以最短计算期计算调整净现值，调整净现值等于年等额净回收额按照最短计算期所计算出的净现值；

d. 根据调整净现值进行决策，也就是选择调整净现值最大的方案。

（2）等额净回收额法

等额净回收额法是指通过比较所有投资方案的年等额净回收额（年值）指标的大小来选择最优方案的方法。这种方法适合项目计算期不同的多方案的比较决策。等额净回收额法就是把每个方案的净现值平均分摊到项目计算期的各年，然后通过每年回收值的大小来比较项目的优劣，其计算公式如下。

$$NA_t = NPV_t (\frac{A}{P}, i, n_t)$$

式中，NA_t 为第 t 个项目的年等额净回收额；NPV_t 为第 t 个方案的净现值；$(A/P, i, n)$ 为年金现值系数；i 为折现率；n_t 为项目 t 的计算期。

（3）费用现值比较法

这种方法适用于效益相同或效益基本相同但难以具体估算的方案比较，其计算公式如下。

$$PC = \sum_{t=1}^{n} (I + C - Sr - W)_t (\frac{P}{F}, i, t)$$

式中，PC 为方案的费用现值；$(I+C-Sr-W)_t$ 为第 t 年的净费用支出值；I、C、Sr、W 分别为第 t 年的投资、经营成本、折旧和流动资金回收额；$(P/F, i, t)$ 为折现系数。该方法的判断标准是：费用现值越小的项目投资方案为最优。

3.3 独立型项目的投资决策方案的比选

独立型项目是指在经济上互不相关的项目,是否接受或放弃某个项目,并不影响其他项目的取舍,其显著特点是彼此相容。在项目决策中,对于相互分离、互不排斥的独立方案比选相对比较容易。其分析决策中用到的指标包括净现值、净现值率、内部收益率、投资回收期等。按照项目是否有约束进行分析讨论。

3.3.1 无约束条件下独立方案的比选

无约束条件指的是企业对其即将开展的项目没有资金、劳力、材料、设备及其他资源方面的限制。一般情况下,无约束条件主要指企业在资金总量上没有限制。在无约束条件下,对于独立方案来说,主要是通过经济评价指标的计算以权衡其经济上是否可行,以此作为决定方案取舍的重要因素,不存在方案之间的对比、选优问题。

根据独立型项目特性可知,其采用与否只取决于项目本身的经济性,多个独立方案的评价判别标准应与单一项目(方案)的一致。用经济效果的评价标准(如 $NPV \geqslant 0$,$IRR \geqslant i_0$),检验项目自身的经济性,即进行绝对效果的检验。凡通过检验的项目,便可以接受,否则应予以拒绝。无论采用净现值法、净年值法和内部收益率法中哪种评价方法,均不需要考虑统一的分析期,其结论都相同。

3.3.2 有约束条件下独立方案的比选

实际中,在企业资金有限的情况下,对经济性可行的独立方案进行选择就不可能全部接受所有可行方案。企业会利用其有限的资金在可行方案中选择一个或多个项目同时进行,所选择项目的收益最大且投资总额不超过企业的承受能力。方法主要有方案组合法、净现值指数排序法、双向排序均衡法。

（1）方案组合法

方案组合法，也被称为项目组合法，是指当企业资金有限时，要以可利用资金总额为制约条件，在经济性可行的投资方案中进行组合，确定最佳的项目投资方案组合，使有限的资金得到充分运用。方案组合法在进行方案选择时主要以方案自身的净现值为指标。

方案组合法计算步骤如下：

① 确定企业可以接受的基准折现率；

② 应用基准折现率计算出各被选投资项目的净现值，并剔除净现值不大于零的项目；

③ 将所有净现值大于零的投资项目在资金限额内进行组合；

④ 计算出各种组合的净现值总额；

⑤ 选择净现值总额最大的组合作为最优的项目组合。

方案组合法只使用净现值指标进行组合方案比选，净现值反映了企业投资的收益数额，而对企业投资的效率反映不足。

（2）净现值指数排序法

净现值指数排序法是指将净现值率大于或等于零的各个方案按净现值率的大小依次排序，并依次序选取方案，直至所选取的组合方案的投资总额最大限度地接近或等于投资限额为止。其计算与决策步骤如下：

① 确定企业可以接受的基准折现率；

② 计算各方案的净现值NPV和净现值指数NPVR；

③ 剔除净现值指数NPVR＜0的方案，并将净现值指数NPVR≥0的方案按净现值指数大小由大到小排序；

④ 在资金限制条件下，按各项目NPV或NPVR的大小（选择项目组合），算出各组合的累计投资额，直至累计投资额等于或略小于资金限额为止，这时的项目组合即为最优组合。

（3）双向排序均衡法

对于受资金限制的项目投资决策问题，日本学者千住镇雄、伏见多美雄教授等提出了按照效率指标排序的原则，利润的指标为净现值NPV，受制约的资源量为项目的投资I，其实质是利用经济学的边际报酬递减和边际成本递增两条曲线的均衡点来决定投资项目的取舍，故又称为双向排序均衡法。

在双向排序均衡法中，从众多的互相独立的方案中选择几个方案时，采用的效率评价指标可用下式表达。

$$E = \frac{\text{IN}}{\text{RE}}$$

式中，E为效率；IN为项目的利润；RE为制约项目进行的资源数量。

对于投资方案，这里所说的"效率"一般就是指投资方案的内部收益率。双向排序均衡法的步骤如下：

① 选择经济约束资源的产出率为效率指标（通常取IRR）；

② 计算各项目的IRR并且按IRR大小排序作图，标注资金约束条件$I_{\max}$和项目基准折现率i_0；

③ 依序选择IRR$\geqslant i_0$，且$\sum I_j \leqslant I_{\max}$的项目组合。

3.4 资本约束与投资优化

3.4.1 资本约束概述

项目资本金是指在投资项目总投资中，由投资者认缴的出资额，对投资项目来说属于非债务资金，项目法人不承担这部分资金的利息和债务；投资者可按照其出资的比例依法享有所有者权益，也可转让其出资，但不得以任何方式抽回。

在投资过程中，所有的投入要素都有可能存在约束问题。如果没有资金总量约束，则各方案具有独立性质，但在资金有限的情况下，接受某些方案则意味着不得不放弃另外一些方案，这就是资本约束，即资本约束是指公司投资所需的资金受到限制的一种状态。

一般而言，导致出现资本约束的原因主要有两个：一是来自企业内部的资本预算的约束，即软资本约束；二是来自企业外部力量或者资本市场或政府，不能给企业提供无限的资金，即硬资本约束。无论出现硬约束还是软约束，公司都必须在净现值为正的项目中做出选择。但是，由于净现值不能直接给出每个项目所必需的投入资金，因此不能简单地按照项目净现值的排序而加以选择，还必须考虑每个项目所需要投入的资金。

3.4.2 投资优化

（1）独立项目的投资优化

当一系列方案（项目）中某一方案的接受并不影响其他方案的接受时，这些方案称为独立方案或独立项目。独立型备选方案的特点是诸方案之间没有排他性，各个投资方案的现金流量是独立的，某一方案的采用与否与自己的可行性有关，而与其他方案是否被采用没有关系。相互独立方案之间的效果具有可加性（即投资、经营费用与投资收益之间具有可加性）。如果企业可利用的资金是有限制的，企业在不超出资金约束的条件下，选择出最佳的方案组合。在这种条件下，独立关系转化为一定程度上的互斥关系，这样就可以参照互斥型项目的比选方法选择出最佳方案。如果项目不可拆分，那么净现值指数排序法就不能给企业的决策提供合理建议。这时的决策思路是，列出满足（小于或等于）资本约束的所有的项目组合，从中选出总净现值最大的组合进行投资。

（2）互斥项目的投资优化

互斥关系是指各个项目之间具有排他性，因而在进行项目方案的比较和选择时，在多个备选方案中只能选择一个投资项目，其余项目均必须放弃。互斥组合法是将相互独立的方案组合成总投资不超过投资限额的组合方案，利用互斥方案的比较，选出最优的组合方案。其一般性步骤如下：

① 列出所有各种可能的互斥方案组合，对于 m 个非直接互斥的项目方案，其全部的互斥组合方案为 $2m-1$ 个；

② 保留投资额不超过投资限额且净现值及净现值指数大于等于零的组合方案，淘汰其余的组合方案；

③ 在保留的组合方案中按净现值排序，净现值最大的方案即为最优可行方案。

（3）项目群与投资优化

投资者在进行投资决策时，通常面临的是一个项目群，投资者追求的是项目群的整体最优。当项目群中各项目相互独立时，只要资金允许，投资者就可以任意选择项目群中的有利项目。如果投资者资金有限，那么他们只能从项目群中选择某些项目，并放弃另一些项目。投资者如何在资金有限的情况下，对不同投资规模的项目进行选优，这是一个亟待解决的问题。在对项目群进行投资优化组合时，需要遵循的基本分析原则如下：

① 投资项目不可分割原则；
② 资源优化配置原则；
③ 准确预测原则；
④ 系统性原则。

3.5　绿色建筑项目投资风险

3.5.1　绿色建筑项目投资风险识别与估计

3.5.1.1　绿色建筑项目投资风险概述

任何投资，总是预期获得一定的收益。从投资者的愿望出发，当然希望获得最大的投资收益。然而，任何一种投资，也都必须考虑承担某种风险，即有造成某种损失的可能性。对于绿色建筑项目，要分析投产后的效益，也要考虑其风险性。

绿色建筑项目投资风险是指在绿色建筑项目投资过程中，项目未来收益的不确定性，也就是不利随机事件对达到预期投资目标产生不利影响的风险。具体而言，就是从绿色建筑项目投资决策开始到投资期结束的这段时间内，由于不可控因素或随机因素的影响，项目实际收益与预期收益的相互偏离。

绿色建筑项目在规划阶段、设计阶段、施工阶段、运营阶段将会面临比一般传统建筑项目更多的风险，并且我国在绿色建筑方面处于初级阶段，加之各种不同的投资方式的相继引入，绿色建筑投资所面临风险也会逐渐增加（表3.1）。

表3.1 绿色建筑项目投资风险因素指标体系

评价目标层	评价准则层	评价指标层
绿色建筑项目投资风险	规划阶段风险	项目定位不明确； 需求预测不准
	设计阶段风险	设计创新不足； 绿色节能建材选取不当
	施工阶段风险	缺乏绿色建筑施工经验； 缺乏施工现场管理能力
	运营阶段风险	项目缺乏科学保护； 未考虑项目全生命周期

3.5.1.2 绿色建筑项目投资风险识别

绿色建筑项目投资风险识别是指从系统的观点出发，横观建设项目投资所涉及的各个方面，纵观投资建设发展的过程，通过一定的方法，对大量来源可靠的信息进行分析，找出影响项目投资风险管理目标实现的风险因素，分析风险产生的原因，筛选确定投资过程中应予以考虑的风险因素并对其进行归类的过程。风险识别的目的是了解风险的性质、原因及后果，为风险评估和风险决策打下良好的基础。

风险识别作为风险管理的第一步，有着重要的意义，是准确进行风险管理的基础，只有准确识别项目有可能要面对的风险，才能制定合理可行的管理措施及方案，降低风险发生的概率和导致损失的程度。风险识别是通过对相关知识技术的应用对项目进行过程中可能遇到的风险进行识别与分析的过程。绿色建筑项目风险识别程序如下。

① 收集相关信息。信息资料是进行风险识别的基础，风险事件的发生可以带来很多信息，主要来自文献、项目环境与建设资料和类似项目的相关数据。

这些信息的收集能够帮助人们在绿色建筑项目中进行合理正确的风险识别。

② 风险分类。风险有很多种,对风险进行合理分类,能系统性地梳理绿色建筑项目的风险,更好地为风险分析打好基础。

③ 风险形势估计。通过风险形势估计,可以重新审查项目计划,认清项目形势,揭露原来隐藏的假设、前提和以前未曾发觉的风险,以达到使项目在早期阶段就能识别出一些风险的效果。

④ 风险识别报告。风险识别要以书面文件形式整理出来,包含风险来源表、风险征兆和对风险管理其他方面的要求。

绿色建筑项目投资风险识别的方法有很多种,主要列举几种较为常见的方法。

① 头脑风暴法。头脑风暴法是以专家的创造性思维来索取未来信息的一种直观预测和识别方法。一般采用专家小组会议的形式进行,大家就某一个具体问题发表个人意见,畅所欲言,做到集思广益。

② 德尔菲法。又称专家调查法,是依靠专家利用专业方面的理论和丰富的实践经验直观对风险进行识别的方法。用此方法进行风险识别的过程是首先由项目风险小组选定项目相关领域的专家,并与这些适当数量的专家建立直接的函询联系,通过函询收集专家意见,然后加以综合整理,再匿名反馈给各位专家,再次征询意见。反复多次,逐步使专家的意见趋向一致,作为最后风险识别的依据。

③ 情景分析法。情景分析法实际上是一种假设分析方法,它是根据发展趋势的多样性,通过对系统内外相关问题的系统分析,设计出多种未来的情景,对其整个过程做出自始至终的情景描述,结合各种技术、经济和社会因素对绿色建筑项目投资的风险进行预测和识别。

④ 核对表法。核对表法一般根据项目环境、产品或技术资料、团队成员的技能或缺陷等风险要素,将经历过的风险事件及来源列成一张核对表。然后将当前绿色建筑项目的建设环境、建设管理现状等做比较,分析可能出现的风险。

⑤ 流程图法。流程图是另一种工程项目投资风险识别的常用工具,借助流程图可以帮助项目识别人员分析和了解项目风险所处的具体项目环节、项

目各个环节之间存在的风险。通过对项目流程的分析，可以发现和识别项目风险可能发生在项目的哪个环节，为项目实施中的风险控制提供依据。

3.5.1.3　绿色建筑项目投资风险估计

绿色建筑项目投资风险估计是指在风险识别的基础上，对绿色建筑项目投资过程中的风险进行量化，据以确定风险的大小，为下一步确定风险的影响程度奠定基础。绿色建筑项目投资风险估计要解决两个问题：一是确定风险事件发生的可能性或概率；二是确定风险事件导致损失后果的严重程度，如风险事件导致经济损失的具体数额等。

绿色建筑项目投资风险估计的内容主要有风险发生频率的估计、风险发生时间的估计、风险损失大小的估计、风险影响范围的估计和风险级别的估计。风险估计是建立在概率论与数理统计的大数法则、类推原理和惯性原理的基础上的。通过对大量风险事故发生的统计分析，其结果呈现出一定的必然性和统计规律性。因而可以通过某一类风险事故发生的规律性，类推出其他风险事故发生的规律性；由惯性原理可预测将来风险事故发生的可能性。所以，风险估计的意义如下。

① 通过风险估计，较为准确地预测损失概率的损失幅度。通过采取适当的措施，可减少损失发生的不确定性，降低风险。

② 对损失幅度的估计，使风险管理者能够明确风险事故造成的灾难性后果，集中主要精力去控制那些可能发生的重大事故。

③ 建立损失概率分布，为风险管理者进行风险决策提供依据。

一般情况下，绿色建筑项目投资风险估计流程，需要经过以下几个步骤：
① 收集相关资料；
② 选择风险估计方法；
③ 估计风险发生概率，并估计风险可能造成的损失程度情况；
④ 修正偏差，得出结论。

绿色建筑项目投资风险估计方法有很多，如外推法、层次分析法等。
① 外推法是指利用已有数据并结合主观分析判断，来估计项目投资风险

发生概率的一种综合性风险估计方法。可分为前推法、后推法及旁推法。

a.前推法。就是根据以前的项目经验和历史数据推断风险事件发生的概率和后果。

b.后推法。如果没有直接的历史经验数据可供使用，可以采用后推的方法，即把未知想象的事件及后果与某一已知的事件及后果联系起来，也就是通过有数据可查的造成这一风险事件的一些起始事件来推断未来风险事件，在时间序列上是由前向后推算。

c.旁推法。就是利用情况不同但基本相似的其他地区或项目的数据，对本地区项目的风险进行推断。

② 层次分析法是指从多方面考虑各种可能引起风险的因素，并对其进行细致的分解，以形成有序的递阶层次结构，而后通过两两比较判断的方式确定每一次层次中各因素的相对重要性。AHP法进行风险估计的基本思路与步骤如下。

a.利用递阶层次结构识别建设项目投资存在的主要风险因素。

b.由多位专家从风险损失额和风险发生概率等方面判断风险因素的相对重要性，并形成相对矩阵。

c.在此基础上对专家评判矩阵进行一致性检验。若未能通过一致性检验，则组织专家重新评判，得到新的评判矩阵，再进行一致性检验，反复进行直至最后通过检验。

d.根据相对矩阵计算相对重要度的排序，得出项目投资风险估计结论。

3.5.1.4 绿色建筑项目投资抗风险能力分析方法

绿色建筑项目投资风险分析的基础是项目支付一定的成本后能够给投资带来一定的收益，需找到盈亏平衡点，以判断投资方案对不确定因素变化的承受能力，为决策提供依据。在此基础上，还要进行敏感性分析，这就需要通过不确定性分析找出影响项目效益的敏感因素，确定敏感程度。

（1）盈亏平衡分析法

盈亏平衡分析又称量本利分析，是通过计算项目投产后的盈亏平衡点

（BEP），分析项目成本与收益之间平衡关系的一种方法，用于反映项目适应市场变化的能力，进而考察项目的抗风险能力，并以此为企业的计划决策和经济核算提供参考依据，使企业获得最大的经济效益。

盈亏平衡分析视其判别依据不同，分类情况也有所不同。根据分析要素间函数关系的不同，可分为线性盈亏平衡分析和非线性盈亏平衡分析；根据分析产品品种数目的不同，可分为单一产品盈亏平衡分析和多产品盈亏平衡分析；根据是否考虑资金的时间价值，可分为静态盈亏平衡分析和动态盈亏平衡分析。下面主要从线性和非线性角度对盈亏平衡分析进行阐述。

① 线性盈亏平衡分析。当产量、成本和收益之间呈线性关系时，盈亏平衡分析就是线性盈亏平衡分析，其公式如下。

$$利润 = 销售收入 - 总成本 - 税金$$

假设生产量等于销售量，并且项目的销售收入与总成本均是生产量的线性函数，则

$$销售收入 = 单位产品售价 \times 销售量$$

$$总成本 = 变动成本 + 固定成本 = 单位产品变动成本 \times 生产量 + 固定成本$$

$$销售税金 = 单位产品销售税金及附加 \times 销售量$$

线性盈余平衡分析的三类函数是

$$成本函数\ C = F + vQ + tQ$$

$$收入函数\ R = pQ$$

$$利润函数\ I = R - C$$

$$I = pQ - (F + vQ + tQ)$$

$$I = (p - v - t)Q - F$$

式中，F 为总固定成本；v 为单位变动成本；p 为单位单价；Q 为产品产量（或销量）；C 为总成本；t 为单位产品销售税金及附加。

当项目的收益与成本相等时，盈利与亏损的转折点即为盈亏平衡点（BEP）。盈亏平衡点越低，说明项目盈利的可能性越大，亏损的可能性越小，因而项目有较大的抗经营风险能力。盈余平衡点就是利润为零的点，即保本点或临界点，可以用不同的方法表示。

a. 用产量表示。

$$\mathrm{BEP_Q} = Q_0 = \frac{F}{p-v-t}$$

项目不发生亏损时所必须达到的产量 Q_0 越小,表明项目适应市场需求变化的能力越大,抗风险能力越强。

b. 用生产能力利用率表示。

$$\mathrm{BEP_\alpha} = \frac{Q_0}{Q_c} \times 100\% = \frac{F}{(p-v-t)Q_c} \times 100\%$$

式中,Q_c 为设计生产能力。

盈余平衡点产量与项目设计的生产能力之间的差距越小,即生产能力率接近于1,说明项目的风险越大,项目容易受生产(销售)水平变化的影响。

c. 用销售收入表示。

$$\mathrm{BEP_R} = p \times \mathrm{BEP_Q} = \frac{pF}{p-v-t}$$

项目不发生亏损时必须达到的最低销售收入,此值越小,表明项目适应销售收入变化的能力越大,抗风险能力越强。

d. 用销售单价表示。

$$\mathrm{BEP_p} = \frac{F}{Q_c} + v + t$$

项目不发生亏损时所必须达到的最低销售单价,此值越小,表明项目适应销售单价变化的能力越大,抗风险能力越强。

e. 用单位产品变动价格成本表示。

$$\mathrm{BEP_v} = p - t - \frac{F}{Q_c}$$

② 非线性盈亏平衡分析。线性盈亏平衡分析是假设产品销售量和生产量相等,销售收入和生产成本既是产品销售量,也是生产量的线性函数。实际上这个线性关系只在产量(或销售量)较低时近似成立,即销售收入只在一定范围内随产量的增加而增加。当产量(或销售量)超过一定的范围,市场需求趋于饱和状态时,销售收入会随着产量增加而增加的幅度越来越小,故

销售收入和产量之间呈下凹的非线性关系。同时，单位产品可变成本也是在一定产量范围内才近似为常数，当产量超过一定的范围时，由于生产条件的逐渐恶化（如设备磨损，环境变差，原材料、动力、燃料价格上涨等），单位产品可变成本也会有所提高，造成生产成本的增加速度会超过产量的增加速度，故生产成本和产量之间呈上凹的非线性关系。

（2）敏感性分析

敏感性分析可以把握不确定性因素在什么范围内变化方案的经济性最好，在什么范围内变化经济性最差，以便对不确定性因素实施控制；可以区分敏感性大的方案和敏感性小的方案，以便选出敏感性小的方案，提高项目抗风险能力；找出敏感性大的方案，向决策者提出是否需要进一步收集资料并进行研究，以提高项目投资经济分析的可靠性。按照敏感性分析涉及的因素多少，敏感性分析分为单因素与多因素敏感性分析。

① 单因素敏感性分析。在项目投资分析中，在其他因素不变的条件下，计算单个影响因素变化对于评价指标变化的影响分析，称为单因素敏感性分析。

a.选定需要分析的不确定因素。这些因素主要包括：产品产量（生产负荷）、产品售价、主要资源价格（原材料、燃料或动力等）、可变成本、建设投资、建设期贷款利率及外汇汇率等。

b.确定进行敏感性分析的经济评价指标。建设项目经济评价指标较多，如财务净现值、财务内部收益率、投资回收期等，从中选择其一，作为分析指标。

c.计算不确定因素变动引起的评价指标的变动值。一般就所选定的不确定因素，设若干级变动幅度（通常用变化率表示），然后计算与每级变动相应的经济评价指标值，两者建立一一对应的数量关系，并用敏感性分析图或敏感性分析表的形式表示。

d.计算敏感性系数，并对敏感因素进行排序。所谓敏感性因素是指该不确定因素的数值有较小的变动就能使项目经济评价指标出现较显著改变的因素。敏感度系数的计算公式为

$$e = \frac{\frac{\Delta y}{y}}{\frac{\Delta x}{x}}$$

式中，e 为评价指标 y 对于不确定因素 x 的敏感度系数；$\Delta x/x$ 为不确定因素的变化率；Δy 为不确定因素发生变化率时，评价指标 y 的相应变化率。

各因素的变化可以用相对变动数或绝对变动数表示，相对变动数是使某个因素的取值比基本方案的取值变动 ±10%，±20%，…，并计算每次变动对经济评价指标的影响值。计算各不确定因素的敏感度系数并进行排序，$|e|$ 越大，敏感度系数越高，应该重点控制。

e.确定敏感性因素的临界点。临界点是指项目允许不确定因素向不利方向变化的极限值。超过极限值，项目的经济评价指标将不可行。当建设投资上升到某值时，内部收益率将刚好等于基准收益率，此点称为建设投资上升的临界点。临界点可用临界点比例（%）或者临界值分别表示，其含义是某一变量的变化达到一定的比例（%）或者一定数值时，项目的评价指标将从可行转变为不可行。

② 多因素敏感性分析法。多因素敏感性分析法是指在假定其他不确定性因素不变的条件下，计算分析两种或两种以上不确定性因素同时发生变动，项目经济效益值的影响程度，确定敏感性因素及其极限值。

多因素敏感性分析一般是在单因素敏感性分析的基础上进行的，其基本原理与单因素敏感性分析大体相同。但值得注意的是，多因素敏感性分析需要假定同时变动的几个因素都是相互独立的，且各因素发生变化的概率相同。

多因素敏感性分析要考虑可能发生的各种因素不同变动幅度的多种组合，计算起来要比单因素敏感性分析复杂得多。如果需要分析的不确定因素不超过三个，而且经济效果指标的计算比较简单，可以用解析法与作图法相结合的方法进行分析。

3.5.2 绿色建筑项目投资风险应对策略

对绿色建筑项目投资风险进行识别和估计的目的，在于通过认识项目投资风险及其发生的概率和严重程度，采取必要的风险应对和防范措施，规避或改变可预期的不利因素，提高项目成功的可能性。

绿色建筑项目投资风险应对策略研究就是对项目投资风险提出处置意见和方法。通过对项目投资风险的识别和估计，把项目投资风险产生的可能性与后果以及其他相关因素综合起来分析，再将分析的结果同公认的项目安全指标相比较。绿色建筑项目投资风险常用的策略有风险回避、风险减轻、风险转移、风险自留和风险分散。

（1）风险回避

风险回避是彻底消除风险的一种做法，即断绝风险的来源。在实际的绿色建筑工程中，经判断该绿色建筑项目投资具有较大发生概率的风险时，投资商可以采用风险回避的方法避免损失。例如，风险分析显示产品市场存在严重风险，若采取回避风险的对策，应做出缓建或放弃项目的建议。

（2）风险减轻

通常把风险控制的行为称为风险减轻，包括降低风险发生的概率或控制风险的损失。风险减轻措施是一种积极的风险处理手段，它是指投资主体对不愿放弃也不愿转移的风险，通过降低其损失产生的可能性，缩小其后果不利影响的损失程度来达到控制投资风险目的的各种控制技术或方法。提升绿色建筑项目管理人员的知识水平，了解风险的来源和环境情况，就能更容易地选择风险减轻措施。

（3）风险转移

风险转移的目的不是降低风险发生的概率和不利后果的大小，而是借用合同或协议，在风险事故发生时将损失的一部分转移到项目以外的第三方身上。转移并不能消除风险，只是将风险管理的责任移交给其他。在绿色建筑项目建设过程中，可能遇到的风险因素较多，工程管理者难以做到样样俱全，适当的、合理的风险转移是一种高水管理的体现。绿色建筑项目投资风险转移的主要途径有合同、项目资金证券化、保险等方式。

（4）风险自留

风险自留是将风险损失留给拟建绿色建筑项目投资者自己承担，主动承担绿色建筑项目建设主体的风险。这是依靠项目单位自身的财力来负担未来可能的风险损失。风险不可能彻底消除，也不能全部转移出去，这部分风险必须由项目参与方自行承担。绿色建筑项目投资风险自留应对措施包括将损失摊入成本、建立意外损失基金和借入资金。

（5）风险分散

在绿色建筑项目投资风险应对中，有时还会用到投资风险分散策略。分散风险是指通过增加风险承担者，将风险各部分分配给不同的参与方，以达到减轻总体风险的目的。风险分散介于风险自留和风险转移之间，属于风险转移的策略范围。风险分散指风险承受主体的多元化，将本来由一个主体承担的风险分成几个主体同时承担，达到降低风险损失的目的。

（6）后备措施

在绿色建筑项目投资开发过程中，有些风险要求事先制定好后备措施，必要情况下应提前制定紧急事件应急预案。一旦项目的实际进展情况与计划不同，就需动用后备措施。绿色建筑项目投资风险后备措施可采用有费用后备措施、进度后备措施和技术后备措施等。

3.5.3 绿色建筑项目投资风险监控

任何项目风险都有一个发生、发展的过程，因此必须对项目投资过程进行实时监控，以动态地掌握项目投资风险及其变化情况。当风险事件发生时，实施风险管理计划中预定的应对措施；当项目情况发生变化时，重新进行风险分析，并制定新的应对措施。自"双碳"目标提出以来，绿色低碳、节能环保成为我国各大行业合作推进的重点。绿色建筑的投资和施工建设是"无废城市"建设的重中之重，也是建筑业绿色化的重要实践体现。由于不同地区间各企业在经济发展水平、基础建设和资源禀赋等方面存在显著差异，绿色建筑项目投资面临多阶段风险。

绿色建筑项目投资风险监控是指跟踪已识别的风险、监视残余风险、识别新出现的风险、修改风险管理计划、保证风险计划的实施、评估风险降低的效果等风险管理工作的总和。从过程的角度来看，绿色建筑项目投资风险监控贯穿于项目投资风险管理流程的始末，是绿色建筑项目投资风险管理的重要内容。绿色建筑项目投资风险监控有助于适应项目投资风险变化的情况，有助于检验已采取的风险处理措施，可以对新的风险进行风险监控。

绿色建筑项目投资风险监控目标有及早识别项目风险、避免项目投资风险事件的发生、消除项目投资风险带来的消极后果和充分吸取项目投资风险管理中的经验及教训。

绿色建筑项目投资风险监控流程：

① 建立项目投资风险监控体制；
② 确定要监控的项目投资风险事件；
③ 确定项目投资风险监控责任；
④ 确定项目投资风险监控的行动时间；
⑤ 制定具体项目投资风险监控方案；
⑥ 实施具体项目投资风险监控方案；
⑦ 跟踪具体项目投资风险的控制结果；
⑧ 判断项目投资风险是否已经消除。

由于绿色建筑项目投资风险具有复杂性、变动性、突发性、超前性等特点，因此，风险监控应该围绕项目投资风险的基本问题，制定科学的风险监控标准，采用系统的方法，建立有效的风险预警系统，做好应急计划，并实施高效的项目风险监控。在绿色建筑项目投资风险监控中，主要借鉴项目管理中其他方面的方法，常见的方法主要有风险图表法、审核检查法和偏差分析法。

① 风险图表法。风险图表法就是根据风险评价的结果，从项目的所有风险中挑选出若干因素列入监视范围，然后每月都对这些因素进行检查，同时写出风险规避计划，说明用于规避风险的策略和措施是否取得了成功。

② 审核检查法。审核检查法是监控风险的首选方法。该方法用于绿色建筑项目的全过程，从项目建议书开始，直至项目结束。项目建议书、项目产品或服务的技术规格要求、项目的招标文件、设计文件、实施计划、必要的实验等都需要审核。

③ 偏差分析法。偏差分析法是一种测量预算实施情况的方法。该方法将实际已完成的项目工作同计划的项目工作进行比较，确定项目在费用支出和时间进度方面是否符合原定计划的要求。

第4章
绿色建筑项目融资环境与融资模式

4.1 项目融资概述

4.1.1 项目融资的内涵

项目融资作为国际金融市场上的一项创新，其雏形出现于20世纪50年代，但在60年代中期英国开发北海油田项目之后，才逐渐受到人们的重视。迄今为止，国外学术界还未对项目融资有一个公认的准确定义。

目前在国外经济学界对项目融资的理解大致有两种观点：一种认为项目融资仅指无追索或有限追索的融资，主要流行于北美洲地区；另一种认为一切为了建设一个新项目，收购一个现有项目或对已有项目进行债务重组所进行的融资活动都可以被称为"项目融资"。

我国学者对项目融资的理解主要为，项目融资是指贷款人向特定的工程项目提供贷款协议融资，对于该项目所产生的现金流量享有偿债请求权，并以该项目资产作为附属担保的融资类型。它是一种以项目的未来收益和资产作为偿还贷款的资金来源和安全保障的融资方式，主要包含两种类型。

（1）无追索权的项目融资

无追索权的项目融资也称为纯粹的项目融资，在这种融资方式下，贷款的还本付息完全依靠项目的经营效益。同时，贷款银行为保障自身的利益必须从该项目拥有的资产取得物权担保。如果该项目由于种种原因未能建成或经营失败，其资产或受益不足以清偿全部的贷款时，贷款银行无权向该项目的主办人追索。

（2）有追索权的项目融资

除了以贷款项目的经营收益作为还款来源和取得物权担保外，贷款银行还要求有项目实体以外的第三方提供担保。贷款行有权向第三方担保人追索。但担保人承担债务的责任，以他们各自提供的担保金额为限，所以称为有限追索权的项目融资。

4.1.2 项目融资的参与者

由于项目融资的结构复杂，因此参与融资的利益主体也较传统的融资方式要多。概括起来主要包括以下几种：项目公司、项目投资者、银行等金融机构、项目产品购买者、项目承包工程公司、材料供应商、融资顾问、项目管理公司等。

项目公司是直接参与项目建设和管理，并承担债务责任的法律实体。也是组织和协调整个项目开发建设的核心。项目投资者拥有项目公司的全部或部分股权，除提供部分股本资金外，还需要以直接或间接担保的形式为项目公司提供一定的信用支持。金融机构（包括银行、租赁公司、出口信贷机构等）是项目融资资金来源的主要提供者，可以是一两家银行，也可以是由几家银行组成的"银团"。

项目融资过程中的许多工作需要具有专门技能的人来完成，而大多数的项目投资者不具备这方面的经验和资源，需要聘请专业融资顾问。融资顾问在项目融资中发挥重要的作用，在一定程度上影响到项目融资的成败。融资顾问通常由投资银行、财务公司或商业银行融资部门来担任。

项目产品的购买者在项目融资中发挥着重要的作用。项目的产品销售一般是通过事先与购买者签订的长期销售协议来实现的。而这种长期销售协议形成的未来稳定现金流构成了银行融资的信用基础。特别是资源性项目的开发受到国际市场需求变化影响，价格波动较大，能否签订一个稳定的、符合贷款银行要求的产品长期销售协议往往成为项目融资成功实施的关键。如澳大利亚的阿施顿矿业公司开发的阿盖尔钻石项目，欲采用项目融资的方式筹集资金。由于参与融资的银行认为钻石的市场价格和销售存在风险，融资工作迟迟难以完成，但是当该公司与伦敦信誉良好的钻石销售商签订了长期包销协议之后，阿施顿矿业公司很快就获得了银行的贷款。

4.1.3 项目融资主体

项目融资主体是指进行融资活动并承担融资责任和风险的项目法人单位。

按照融资主体的不同，项目的融资方式可分为既有法人融资和新设法人融资两种。

(1) 既有法人融资

既有法人融资方式的基本特点是：由既有法人发起项目、组织融资活动并承担融资责任和风险；建设项目所需的资金来源于既有法人内部融资、新增资本金和新增债务资金；新增债务资金依靠既有法人整体（包括拟建项目）的盈利能力偿还，并以既有法人整体的资产和信用承担债务担保。

既有法人作为项目融资主体适合下列情况：

① 既有法人具有为项目进行融资和承担全部融资责任的经济实力；

② 项目与既有法人的资产以及经营活动联系密切；

③ 项目的盈利能力较差，但项目对整个企业的持续发展具有重要作用，需要利用既有法人的整体资信获得债务资金。

(2) 新设法人融资

新设法人融资是指以组建新的具有独立法人资格的项目公司为融资主体的融资方式。采用这种融资方式的建设项目，项目法人大多是企业法人。社会公益性项目和某些基础设施项目也可能组建新的事业法人实施。采用新设法人融资方式的建设项目，一般是新建项目，但也可以是将既有法人的一部分资产剥离出去后重新组建的新的项目法人的改扩建项目。

新设法人融资方式的基本特点是：由项目发起人发起组建新的具有独立法人资格的项目公司，由新组建的项目公司承担融资责任和风险；建设项目所需资金的来源，可包括项目公司股东投入的资本金和项目公司承担的债务资金；依靠项目自身的盈利能力来偿还债务；一般以项目投资形成的资产、未来收益或权益作为融资担保的基础。

新设法人作为项目融资主体适合下列情况：

① 拟建项目的投资规模较大，既有法人不具有为项目进行融资和承担全部融资责任的经济实力；

② 既有法人财务状况较差，难以获得债务资金，而且项目与既有法人的经营活动联系不密切；

③ 项目自身具有较强的盈利能力，依靠项目自身未来的现金流量可以按

期偿还债务。确定项目的融资主体应考虑项目投资的规模和行业特点,项目与既有法人资产、经营活动的联系,既有法人财务状况,项目自身的盈利能力等因素。

4.1.4 项目融资的实施步骤

项目融资一般要经历融资结构分析、融资谈判和融资执行三个阶段。

在融资结构分析阶段,通过对项目深入而广泛的研究,项目融资顾问协助投资者制定出融资方案,签订相关谅解备忘录和保密协议等,并成立项目公司。

在融资谈判阶段,融资顾问将代表投资者与银行等金融机构接洽,提供项目资料及融资可行性研究报告。贷款银行经过现场考察、尽职调查及多轮谈判后,将与投资者共同起草融资的有关文件。同时,投资者还需要按照银行的要求签署有关销售协议、担保协议等文件。整个过程需要经过多次的反复谈判和协商,既要在最大限度上保护投资者的利益,又能为贷款银行所接受。

在融资执行阶段,由于融资银行承担了项目的风险,因此会加大对项目执行过程的监管力度。通常贷款银行会监督项目的进展,并根据融资文件的规定,参与部分项目的决策程序,管理和控制项目的贷款资金投入及现金流量。通过银行的参与,在某种程度上也会帮助项目投资者加强对项目风险的控制和管理,从而使参与各方实现风险共担,利益共享。

随着国内资源企业走出去的步伐加快,项目融资的多元化和风险分担的优势越发显现出来,因此企业有必要尽快了解项目融资的特点和优势,并不断摸索及掌握项目融资的流程和步骤,提高融资能力,为境外资源的顺利开发及自身的迅速发展获取资金保障。

4.2 绿色建筑项目融资的特点

我国房地产项目目前常见的融资模式主要有以下几种:企业内部融资模式、基金和信托融资模式、上市融资模式和银行信贷融资模式。绿色建筑项目属于房地产项目的一种，具有建设周期长、资金要求密集及施工工作量较大等特点，其融资模式相对于普通的建筑融资模式具有更高的要求。其项目融资特点如下。

（1）贯穿整个项目周期

绿色建筑项目融资模式以项目全寿命周期为对象，在此前提下，根据项目的具体情况，特别是项目的收益情况，有可能获得更高比例的贷款，亦即融资公司能够有机会获取更多的外部资金，在此基础上运用外部资金的杠杆作用，以提高资本的收益率。以项目整个生命周期作为研究对象，能够得到较长的贷款期限，并且贷款的灵活性也得到了较大提升。

（2）无追索权或有限追索权

无追索权是指贷款人只能依靠项目资产和未来的收益作为还款的来源，对项目的发起人没有追索权，发起人将不再直接承担偿还债务的责任。有限追索权是其发起人或者第三方为项目提供担保，但并不需要以自身的资产来保证贷款的偿还。如此，发起人就可以有更大的空间去从事其他的项目管理。无追索权和有限追索权将融资的风险控制在项目本身的范围内，对发起人来讲，降低了融资的风险和成本。

（3）融资比例大，融资成本高

项目融资主要考虑项目未来能否产生足够的现金流量偿还贷款以及项目自身风险等因素，对投资者投入的权益资本金数量没有太多要求，因此绝大部分资金是依靠银行贷款来筹集的，在某些项目中甚至可以做到100%融资。由于项目融资风险高，融资结构、担保体系复杂，参与方较多，因此前期需要做大量协议签署、风险分担、咨询顾问的工作，需要产生各种融资顾问费、成本费、承诺费、律师费等。另外，由于风险的因素，项目融资的利息一般也要高出同等条件抵押贷款的利息，这些都导致项目融资同其他融资方式相比融资成本较高。

（4）融资风险分散，担保结构复杂

由于绿色建筑项目融资资金需求量大，风险高，所以往往由多家金融机构参与提供资金，并通过书面协议明确各贷款银行承担风险的程度，一般还会形成结构严谨而复杂的担保体系。

（5）非公司负债融资

绿色建筑项目在融资过程中，项目发起人组建具有独立承担民事责任能力的法人实体——项目融资公司，所有的借款和资金流动都是以项目融资公司为主体进行的，而不是记在发起人个人的资产负债表上。这就使得发起人拥有更多的自由资金继续进行其他项目的投资。

4.3 绿色建筑项目的融资环境

4.3.1 项目融资环境的含义和特点

项目融资环境是围绕项目融资主体影响或制约融资动机、融资决策行为、效益和融资活动整个过程的各种外部境况及条件的总称。项目融资环境包括与一定融资活动有关的政治、经济、制度、金融等方面的因素，是一项非常复杂的项目工程。

项目融资环境在其发展和完善过程中，主要具有以下一些特点。

（1）综合性

项目融资环境是由许多影响项目融资流量与流向的制度、经济、法律、自然、金融等因素交织在一起而组成的一个复杂综合体。在诸多的因素里，有一些对融资的流量、流向、收益起主导作用或关键作用，有一些起辅助作用或次要作用，但是这些都是组成较好的项目融资环境所必要的。项目融资环境的综合性特点要求在改善项目融资环境时，要以正确的理念、科学的组织框架，合理协调各部分之间的复杂关系，充分实现最完美组合，发挥综合实力。

（2）整体性

项目融资环境是一个完整的有机体，各个组成部分之间相互连接、协调、互相配合。如果其中某种因素发生变化,会使项目融资环境中的其他因素也会发生相连反应,从而导致整个项目融资环境发生质的变化。项目融资环境的整体性要求在分析、执行和完善融资环境时,立足整个环境,从整体性的特点出发,制定出项目融资环境科学的组织结构,从而实现各个部分的最好组合,发挥项目融资环境的独特优势。

（3）区域性

项目融资环境的区域性是相对于国家整体的融资环境而言的,是一个国家整体项目融资环境的系统组成部分。由于生产力在发展的过程中存在层次性和空间整体布局的非均衡性,以及自然环境、地理环境、经济发展上的差异性,导致了项目融资环境不仅具有项目融资环境的普遍性,而且还有其自身的特殊性。因此,正确地把项目融资环境的普遍性和特殊性科学地统一起来,有利于充分发挥区域的优势,改进自身的项目融资环境,促进区域经济发展。

（4）动态性

项目融资环境是一个动态的外部系统,它一直处在不停的运动状态。通过不停的运动,项目融资环境各个要素才能较好地相互作用、组合与分离,最终表现出项目融资环境的运行能力。融资环境的变化也会改变项目融资环境的评价标准。如最初低价的自然资源与廉价的劳动力对海外融资最具有吸引力,而现在较为发达的经济环境是融资者最为关心的因素,在社会不稳定的情况下,国家政治的稳定性和制度的连续性是融资者最为重视的问题。项目融资环境的动态性要求融资企业应该经常关注海外融资环境的变化,并依据该变化及时而有效地整改资金的流向和模式。

（5）双重性

项目融资环境具有双重性的特点,这主要是针对投资企业和融资企业双方而提出的。对于投资企业来说,项目融资环境的侧重点主要在于项目融资是否能够顺利运行,从而获得期望的收益,通过对受资国家或受资地项目融资环境的分析与评价研究,来引导投资活动。而作为融资企业——融资活动的受资方,它对项目融资环境的侧重点主要在于重视受资国家或受资地的优势，并利用自身优势，改进劣势，提高项目融资能力，进而在激烈的融资大环境中立于不败之地。

4.3.2 绿色建筑项目融资环境

绿色建筑项目是一个复杂的集成系统，涉及节能、节水、节材、节地、室内环境质量及运营管理等多项节能技术，造价较为昂贵。通常，绿色建筑的开发成本比传统建筑要高5%～15%。初始投资额高，融资模式有限，经济效益回收周期长，环境生态和社会效益无法被准确测量与折现等已成为中国绿色建筑发展普遍面临的难题。此外，受中国房地产市场短期利益观念的驱使，投资者对绿色建筑的投资意愿一直较低，造成资本市场的投资动力尚未被激发。受此影响，目前中国绿色建筑的市场规模仍然较小，市场潜力远未被充分挖掘。中国的绿色建筑市场迫切需要科学的且被市场接受的融资模式和机制，来减轻投资者的资金压力和投资风险，增强市场的信心和动力。绿色建筑项目融资环境主要包括制度体制环境、金融市场环境和经济发展环境三个部分。

（1）制度体制环境

诺斯在《制度变迁与美国经济增长》一文中将制度体制环境定义为：一系列用来确立生产、交换与分配基础的政治、社会与法律规则。一个国家的制度程度是该国现代化程度的重要标志，也是保障企业顺利经营的重要环境因素。绿色项目融资的制度体制环境主要由以下要素构成。

① 非正规制度。非正规制度范围广泛，主要可以从两个方面去考察：一是以道德伦理为主体的社会精神对人们价值取向的影响；二是以社会风俗、习惯和知识等形式积累下来的非正规制度。具体到非正规制度对项目融资的影响，主要是在一段时期形成的、严重的诸如行业歧视、所有制歧视、地域歧视等思想观念，影响着资金供给者的资金投向，使一部分项目刚进入融资市场就被人们戴着"有色眼镜"来看待，遭受不公平待遇，项目的融资计划很难完成。

② 经济体制。政府的经济体制涉及经济运行的各个方面，国家对重点项

目的投资以及一些经济政策的支持，不仅为投资地区带来大量资金，也为本地区发展指明了方向，带来发展机会。此外，政府的转移支付增加了企业和地区的资金，通过乘数效应使本地区资金供给大幅提高，从而为项目公司创造良好的融资环境。

③ 法律及规章制度。法律及规章制度具有强制性，不仅规定了投融资双方的权利和义务，而且规定了融资过程的规范程序。因此，法律及规章制度对稳定金融市场、规范市场秩序、促进社会各种融资活动顺利进行起着积极作用。

④ 银行的制度安排。银行作为项目公司获取债务性资金的主要金融机构，其经营理念、经营方式以及内部运作的各种规章制度都会对项目融资产生影响。

（2）金融市场环境

金融市场环境是融资环境的重要组成部分。它是指一个地区或国家拥有金融机构的种类和数量，金融业务的范围和质量，金融市场的开放性、发展程度及其自由化程度，金融工具的种类及创新状况，金融体制的稳定性。

中国的绿色建筑正在蓬勃发展，要应对行业当前面临的资金挑战，绿色金融的扶持不可或缺。目前国家已出台多项政策，鼓励通过绿色金融支持绿色建筑发展。发展绿色建筑已经被纳入《绿色债券支持项目目录》《能效信贷指引》《绿色产业指导目录（2019年版）》等重要政策文件，成为绿色金融的重点支持领域。中国发展绿色建筑不仅需要逐步完善绿色金融政策，也需要不断开发符合市场需求、遵循标准化流程、可以落地的绿色建筑金融产品和服务。只有解决了市场信息不对称的问题、降低投资风险，才会让投资机构、开发商、业主、服务商等利益相关方更积极地投入绿色金融领域，让绿色建筑真正服务于社会，实现经济效益、环境效益和社会效益的共赢。

2016年，中国人民银行等七部委发布《关于构建绿色金融体系的指导意见》，推动绿色金融在我国的迅速发展。绿色金融可以绿色建筑项目的融资可得性，发挥金融的资源配置与杠杆作用，抑制对非绿色建筑项目的投资，促进资金流入绿色建筑领域，推动传统建筑行业绿色升级。

（3）经济发展环境

经济发展环境要素是项目融资的主要素材，是融资的载体。它是指进行融资活动所面临的经济运行状况。经济环境主要包括经济周期、国家经济政策、通货膨胀与汇率变动、经济发展水平等因素,并且这些因素影响着融资活动。一般而言,资本主要流向那些经济发展速度快、国内市场容量大的国家和地区。

4.4 绿色建筑项目的资金筹措

4.4.1 项目资本金

投资项目资本金是指,在投资项目总资本中,由投资者认缴的出资额。投资者可按其出资的比例依法享有所有者权益,也可转让其出资,但不得以任何方式抽回,对投资项目来说是非债务性资金,项目法人不承担这部分资金的任何利息和债务。作为计算资本金基数的总投资,指的是项目的固定资产投资(建设投资与建设期利息之和)与铺底流动资金(流动资金的30%)之和。

项目资本金主要有以下特点。

① 项目资本金是确定项目产权关系的依据,也是项目获得债务资金的信用基础。项目资本金没有固定的按期还本付息压力,股利是否支付和支付多少视项目投产运营后的实际经营效果而定,因此,项目法人的财务负担较小。

② 企业法人的资本金通常以注册资金的方式投入。有限责任公司及股份公司的注册资金由企业的股东按股权比例认缴,合作制公司的注册资金由合作投资方按预先约定金额投入。股东投入企业的资金超过注册资金的部分,通常以资本公积的形式记账。在有些情况下,投资者还可以以准资本金方式投入资金,包括优先股、可转换债、股东借款等。这些投资是否视作项目的资本金,需要按照投资的回收或偿还方式考察。

③ 新组建的公司项目资本金的来源主要有:各级政府财政预算内资金、预算外资金及各种专项建设基金;国家授权投资机构提供的资金;国内外企业、事业单位入股的资金;社会个人入股的资金;项目法人通过发行股票从

证券市场上筹集的资金。

④ 采取项目融资方式进行项目的融资，需要组建新的独立法人，项目的资本金是新建法人的资本金，是项目投资者（项目发起人一般也是投资者）为拟建项目提供的资本金。

⑤ 为项目投资而组建的新法人大多是企业法人，包括有限责任公司、股份公司、合作制公司等。有些公用设施项目建设也可能采取新组建事业法人的方式实施。

为了建立投资风险约束机制、有效地控制投资规模、提高投资效益，国家对于固定资产投资实行资本金制度。根据《国务院关于固定资产投资项目试行资本金制度的通知》（国发［1996］35号）的内容，从1996年开始，对各种经营性投资项目，包括国有单位的基本建设、技术改造、房地产开发项目和集体投资项目，试行资本金制度，投资项目必须首先落实资本金才能进行建设。

4.4.2 绿色建筑项目资本金筹措

（1）内部资金筹措

对于既有法人项目，内部资金来源于既有法人的自有资金，主要来自以下几个方面。

① 企业的现金。企业资产负债表中，扣除保持必要的日常经营所需的货币资金额，多余的资金可以用于项目投资。

② 企业资产变现。既有法人可以将流动资产、长期投资或固定资产变现，以投资新项目。降低流动资产中的应收款项和存货，可以增加企业能使用的现金，这类流动资产的变现通常体现在上述的企业未来净现金流量估算中。企业也可以通过加强财务管理，提高流动资产周转率，减少存货、应收账款等流动资产占用而取得现金，或者出让有价证券取得现金。企业的长期投资包括长期股权投资和长期债券投资，一般都可以通过转让而变现。企业的固定资产中，有些由于产品方案改变而被闲置，有些由于技术更新而被替换，这些都可以出售变现。

③ 企业产权转让。企业可以将原有的产权部分或全部转让给他人，换取资金用于新项目的资本金投资。产权转让使得企业资产控制权或产权结构发生变化，原有的产权人经转让后其控制的企业原有资产总量会减少。

（2）外部资金筹措

既有法人的外部融资渠道和方式包括既有法人通过在资本市场发行股票与企业增资扩股，以及一些准资本金手段，如发行优先股等，来获取外部投资人的权益资金投入，同时也包括接受国家预算内资金为来源的融资方式。

新设法人项目的资本金由新设法人负责筹集。新设法人项目的资本金的形成分为两种：一种是在新法人设立时由发起人和投资人按项目资本金额度要求提供足额资金；另一种是新法人在资本市场上发行股票进行融资。

按照资本金制度的相关规定，投资人或项目的发起人应认缴或筹集足够的资本金提供给新法人。这种形式的资本金通常以注册资本的方式投入。如果公司注册资本的额度要求低于项目资本金的额度要求，股东按项目资本金额度要求投入企业的资金超过注册资本的部分，通常以资本公积的形式记账。有限责任公司及股份公司的注册资本由公司的股东按股权比例认缴，合作制公司的注册资本由合作投资方按预先约定的金额投入。

在有些情况下，项目最初的投资人或项目发起人对资本金安排不到位，需要由初期设立的项目法人进一步筹措，主要形式有募集股本资金和合资合作。

4.5 PPP、BOT和ABS融资模式

4.5.1 PPP融资模式

PPP（Public Private Partnership），即公共部门与私人企业合作模式，是指政府、营利性企业和非营利性企业以某个项目为基础而形成的相互合作关系的模式。从某种程度上说，只要是旨在促进私人企业与政府合作进行基础设施建设的模式都可以归为这一类别。通过这种合作模式，合作各方可以

得到比单独行动更有利的结果。合作各方参与某个项目时，政府并不是把项目的责任全部转移给私人企业，而是由参与合作的各方共同承担责任和融资风险。

PPP融资模式让参与公共基础设施项目的私人企业在项目的前期就参与进来，有利于利用私人企业先进的技术和管理经验，以及控制项目的建设成本和运营成本。本质上是政府部门和社会投资者之间一系列复杂的合约安排，要平衡公共部门和私人企业不同利益方的利益及要求，以及合理分配各方的责任和应承担的风险。通过协商，明确基础设施项目的建设方案和经营方案，围绕项目的融资活动进行相应的规划，提供各自的支持及配合，并根据这种参与协调的结果，形成特许经营的协议框架，合作各方再根据特许经营协议来实施该项目。

4.5.2 BOT融资模式

BOT即"Build-Operate-Transfer"（建设-经营-移交），主要用于公共基础设施建设的项目融资。项目所在国政府或其所属机构为项目的建设和经营提供一种特许权协议作为融资基础。项目投资者组成项目公司并负责进行项目的融资，组织项目的建设，在特许期内经营项目，用项目收益以及当地政府给予的其他优惠政策来回收资金以还贷，并取得合理的利润。特许期结束后，将项目无偿地移交给政府。

4.5.3 ABS融资模式

ABS即"Asset-Backed Securitization"，是指以资产支持的证券化。它是以目标项目所拥有的资产为基础，以该项目资产的未来收益为保证，通过在国际资本市场上发行债券筹集资金的一种项目融资方式。适合用于大型绿色建筑和公共建筑节能改造项目筹集资金。将项目组成资产池，真实销售给特殊目的机构。通过发行资产证券可以较快地获得所需资金。由于涉及环节较少、风险分散、筹资成本低，ABS融资模式更容易吸引投资者。

4.6 其他融资模式

4.6.1 PFI融资模式

PFI即"Private Finance Initiative",指由私营企业进行项目的建设与运营,从政府方(或接受服务方)收取费用以回收成本。在这种融资模式下,政府发起项目,与私营企业合作,由私营企业承担部分政府公共物品的生产或提供公共服务。政府购买私营企业部门提供的产品或服务,或给予私营企业以收费特许权,或政府与私营企业以合伙方式共同营运等方式,来实现政府公共物品产出中的资源配置最优化、效率和产出的最大化。

4.6.2 互联网融资平台

互联网金融的"大数据"资源及其低成本信息媒介的特点,能够有效解决绿色建筑生产者和消费者信息不对称的问题,通过互联网金融广泛筹集的资金也为绿色建筑的融资创新了平台。绿色建筑互联网融资平台构想是:绿色建筑互联网融资平台作为互联网及银行等金融机构向绿色建筑生产者和消费者提供资金的承接载体,整合了政府、绿色建筑评价机构、互联网放贷者、银行、绿色建筑生产者(包括绿色建筑开发商、装饰公司、绿色建材供应商)和消费者的资源,同时利用互联网的信息扩散和传播,形成一个组织架构和一套有效的风险控制体系。一方面,平台创新了绿色建筑的融资渠道,为绿色建筑生产者寻求更多的资金来源,解决其高成本投入的融资问题;另一方面,互联网平台集政府、评价机构和互联网信息于一身,加强了监管,降低了绿色建筑建造过程中的道德风险及融资过程中的信用风险,解决了信息不对称的问题。

4.6.3 "设施使用协议"融资模式

"设施使用协议"融资模式是指工业项目或服务性设施项目中的提供者和

这种设施的使用者之间达成的一种具有"无论提货与否均须付款"性质的协议作为保证的融资模式。

该种融资模式的关键在于要在项目设施的提供者和使用者之间达成一个强有力的"无论使用与否均须付款"协议，它要求使用者无论是否真正享受到项目设施所提供的服务，都必须无条件地在规定时间内向设施提供者支付协议中规定的设施使用费，这样便能保证提供者能在设施使用阶段获得稳定的现金流入以减小贷款人的风险。"设施使用协议"融资模式在操作上能使投资结构选择灵活、风险合理分担、节约初始资金投入，适合资本密集，收益相对较低但稳定的项目。

4.6.4 杠杆租赁模式

杠杆租赁融资是项目发起人或投资者可以获得固定资产使用权而不必在使用初期支付全部资本开支的一种融资模式，一般在此融资结构安排中，由资产的出租人融资购买项目资产，然后将资产租赁给承租人供其使用，当融资期限届满或由于其他原因终止租赁协议后由承租人以某个实现商定的价格购买回去。

在这种融资模式中，项目资产的承租人才是项目真正的主办人和投资者，它通过租赁的方式获得资产的使用权，资产运作产生的收益作为使用项目资产的租赁费。项目资产的出租人即是资产所有权拥有者，它通过向银行贷款或提供部分资本为项目进行融资，由承租人支付的租金收益则作为主要还款来源，并可在支付债务、税收等后取得相应的股本资本收益。通过这种方式，在提供一定的完工担保、市场销售保证等各种信用保证的情况下，项目发起人既可以享有项目资产使用、经营权以做到正常的项目开发经营，又可以做到百分之百的融资。其他参与方也能在风险合理分担的条件下实现各自的收益。

4.6.5 房地产投资信托基金（REITs）

由于绿色建筑的开发与建设投入比普通建筑需要更多的资金，单纯依靠银行贷款，是远远不够的。国家一系列宏观调控政策的实施，银行也针对性地制定了紧缩性的贷款政策，给开发资金主要来源于银行的房地产行业带来沉重的打击，我国绿色建筑也因此遭遇融资瓶颈。另外，国内民间资本的巨大蕴藏量却缺乏稳定高效的投资回报渠道。房地产投资信托基金（REITs）是解决我国房地产业目前所面临的这两大问题的有效金融工具，可以促进绿色建筑和我国资本市场的发展。对于基建项目，PPP-REITs融合模式对基建项目盘活存量资产、实现滚动投资具有重要意义。

4.6.6 绿色债券融资

2016年，中国人民银行、财政部等七部委印发《关于构建绿色金融体系的指导意见》，指出绿色金融在我国绿色产业资金配置中的重要作用，同时肯定了绿色债券的重要地位，为我国绿色债券的发展"打了一针强心剂"。近年来我国绿色债券市场迅速扩大，但是对房地产行业的绿色债券发行情况研究较少，房地产行业作为我国碳排放量"三巨头"之一，研究房地产企业的绿色债券发展情况，有助于房地产行业的绿色转型及低碳发展，对促进绿色建筑的发展具有重要的推动意义。

此外，2022年某些省份的银行推出"绿色建筑贷"等产品缓解绿色建筑的融资瓶颈，为企业提供"流动性资金贷款+供应链融资"综合服务方案。

第5章

绿色建筑项目融资风险与规避

5.1 绿色建筑项目融资风险

5.1.1 绿色建筑项目融资风险概述

绿色建筑项目融资风险是指在进行绿色建筑项目工程中，工程筹资活动受自然、社会及人为因素的影响而引起的对融资目标可能产生的不利因素发生的概率及其后果。绿色建筑项目融资的风险管理是指有目的地通过计划、组织、协调和控制等管理活动来防止风险损失发生、减少损失发生的可能性以及削弱损失的大小和影响程度，同时采取各种方法促使有利后果的出现和扩大，以获取最大利益的过程。

5.1.2 绿色建筑项目融资风险种类

绿色建筑项目融资的风险是融资过程中可能出现的各种不确定因素，及其对项目目标产生不利影响的可能性和造成损失的程度。在项目融资的各阶段，绿色建筑项目融资的风险具有不同的表现形式，主要有以下几种。

① 信用风险是指绿色建筑项目各参与方不按合同约定按期履行义务而出现的风险。此类风险在绿色建筑项目融资中最容易发生，主要有参与方的资信、资金、技术、管理水平和业绩等评价指标。

② 建设风险是指绿色建筑项目不能按预期目标建成完工的风险。其主要有：成本上升，工期增加，未达到绿色建筑设计功能要求，项目完全停工等。

③ 市场风险是指在绿色建筑工程造价一定的情况下造成的风险。市场风险主要有建筑材料价格、人工费和机械费变动风险。

④ 金融风险是指绿色建筑项目建设期间主要表现在利率和汇率变动的风险。如利率上涨使融资成本增加等因素引起绿色建筑项目的金融风险。

⑤ 环境风险是指绿色建筑项目建设对环境造成的损失。如国家环保部门对污染物排放的控制增加建设期的工程造价和运营期的环保支出等。

⑥ 政治风险是指绿色建筑项目地区政治环境发生变化而使项目失败等风险，如政策的随意性、审批程序复杂等。

⑦ 不可抗力风险是指超过投资者控制范围内的事件发生所导致的风险，如地震、动乱、核辐射等。

5.1.3 绿色建筑项目融资风险的识别

对于每个工程项目，可能产生风险的因素很多，各因素之间的关系错综复杂，所造成的结果也各不相同。如果忽略这些风险因素，会影响项目的经济效益，甚至导致项目失败。绿色建筑项目融资风险识别是进行项目融资风险管理的基础，项目融资风险管理人员在收集资料和调查研究之后，运用各种方法对潜在的以及存在的各种风险进行系统的整理、归类和识别，其中最重要也是最困难的工作就是去了解并寻找项目所有可能遭受损失的来源。

进行绿色建筑融资风险识别的目的包括三个方面：

① 识别出可能对项目融资有影响的风险因素、性质以及风险产生的条件，并据此衡量风险的大小；

② 记录具体风险的各方面特征，并提供最适当的风险管理策略；

③ 识别风险可能引起的后果。

5.1.4 绿色建筑项目融资风险的评价方法

在绿色建筑项目融资中，风险错综复杂，有些风险因素难以确定其数量值，对于风险发生的可能性和危害程度只能借助专家的经验和主观判断。对于可量化的风险，必须对其进行定量分析，只有对项目风险做出正确的分析，才能找出限制项目风险的方法和途径，设计出规避风险的融资结构。风险评价是对项目融资整体风险的量化分析，注重的是整体风险程度的综合评价。

5.1.4.1 确定绿色建筑项目风险收益率的CAPM模型

CAPM模型又称资本资产定价模型，是项目融资中被广泛接受和使用的一种确定项目风险收益（贴现）率的方法。在绿色建筑项目融资中，进行项目总体经济强度的分析时，首先遇到的问题就是项目风险贴现率的确定问题，选定了贴现率才能计算项目的投资收益和净现值，并评价项目的经济强度。CAPM模型如下。

$$R_i = R_f + \beta_i(R_m - R_f) = R_f + 风险收益率$$

式中，R_i为在给定风险水平β条件下，项目i的合理预期投资收益率，也即项目带有风险矫正系数的贴现率（风险校正贴现率）；R_f为无风险投资收益率；β_i为项目i的风险校正系数，代表项目对资本市场系统风险变化的敏感程度；R_m为资本市场的平均投资收益率。

将风险校正贴现率代入项目现金流量净现值的计算公式中可得

$$NPV = \sum_{t=0}^{n}(CI-CO)_t(1+i)^{-t}$$

将风险校正贴现率代入项目现金流量净现值的计算公式中，可以计算出考虑到项目具体风险因素之后的净现值。

$$NPV = \sum_{t=0}^{n}(CI-CO)_t[1+R_f+\beta_i(R_m-R_f)]^{-t}$$

式中，NPV为项目的净现值；$(CI-CO)_t$为第t年项目的净现金流量；n为计算期期数，一般为项目的寿命期；i为折现率。

根据项目现金流量的净现值的计算，如果NPV≥0，则表明项目投资者在预期的项目寿命期内，至少可以获得相当于项目贴现率的平均投资收益率，项目收益将大于或等于投资的机会成本，项目是可行的；如果NPV＜0，则说明该项目的投资机会成本过高，项目不可行。

为了简化分析，该模型做出以下假设：风险投资收益率（R_f）、资本市场平均投资收益率（R_m）及风险校正系数在项目的寿命期内保持不变。

5.1.4.2 CAPM的理论假设

① 资本市场是一个充分竞争的和有效的市场。投资者在资本市场上可以不考虑交易成本和其他制约因素的影响。

② 在资本市场上，追求最大的投资收益是所有投资者的投资目的。高风险的投资有较高的收益预期，低风险的投资有较低的收益预期。

③ 在资本市场上，所有投资者均有机会运用多样化、分散化的方法来减

少投资的非系统性风险。在投资决策中，只需要考虑系统性风险的影响和相应的收益问题即可。

④ 在资本市场上，对某一特定资产，所有的投资者是在相同的时间区域做出投资决策。

根据以上的假设，投资者做出决策时，只需考虑项目的系统性风险（与市场客观环境有关、超出项目自身范围的风险，如政治风险、经济衰退等），而无须考虑项目的非系统性风险（可由项目实体自行控制管理的风险，如完工风险、经营风险等）。

5.1.4.3 CAPM模型参数的确定

CAPM模型参数主要有：无风险投资收益率（R_f）；风险校正系数（β）；资本市场平均投资收益率（R_m）；加权平均资本成本（WACC）。

（1）无风险投资收益率（R_f）

无风险投资收益率是指在资本市场上可以获得的、风险极低的投资机会的收益率。在项目风险分析中，需要确定无风险投资收益率这一指标值，一般的做法是在资本市场上，选择与项目预计寿命期相近的政府债券的利率作为R_f的参考值，通常R_f也被用来作为项目风险承受力底线的指标。

（2）风险校正系数（β）

风险校正系数是指在风险贴现率计算中较难以确定的指标值，在国际项目融资中，一般的方法是根据资本市场上已有的、同一种工业部门内相似公司的系统性风险的β值，作为将要投资项目的风险校正系数。β值越高，表示该工业部门在经济发生波动时风险性越大。也就是说，当市场宏观环境发生变化时，那些β值高的公司对这些变化更加敏感；反之，β值低的公司，市场和宏观环境的变化对其影响相对较小。

（3）资本市场平均投资收益率（R_m）

依据现代西方经济理论，在资本市场上存在一个均衡的投资收益率。然而这一均衡的投资收益率在实际的风险分析工作中却很难计算出来。在一些资本市场相对发达的国家，通常以股票价格指数来替代这一均衡投资收益率，作为资本市场的平均投资收益率的参考值。由于股票价格指数的收益率变动频繁、幅度较大,所以在实际计算资本市场平均投资收益率时,一般是计算一个较长时间段的平均股票价格指数收益率。这样做带来的一个问题是,在实际的风险分析计算时,可能会出现 $R_m-R_f<0$ 的情况,这是因为 R_m 的估值是过去某一阶段中的平均收益率,而 R_f 的估值,如前所述,是反映对未来收益的预期,两者不匹配。解决这一问题,可以采用计算一个较长时间段内的 (R_m-R_f) 的平均值,来代替 R_m 的单独估值。

(4) 加权平均资本成本(WACC)

运用CAPM计算出项目的风险收益率、这一项目的风险收益率来源与股本资金。但实际工作中,项目融资主体通过项目融资方式所筹集的资金还有其他来源,既有权益资金,又有债务资金,要计算出项目的投资收益率和净现值,需要使用不同资金来源的加权平均资本成本。

加权平均资本成本(WACC)是将债务资本成本分别乘以两种资本在总资本中所占的比例,再把两个乘积相加所得到的资本成本,其计算公式如下。

$$\text{WACC} = R_e W_e + R_d(1-t)W_d = \frac{R_e E}{E+D} + \frac{R_d(1-t)D}{E+D}$$

式中,WACC为加权平均资本成本;R_e 为权益资本成本;W_e 为权益资本权重 $[W_e=E/(E+D)]$;$R_d(1-t)$ 为债务资本成本;W_d 为债务资本权重 $[W_d=D/(E+D)]$;R_d 为债务利息;t 为税率,通常是公司所得税税率;E 为权益资本;D 为债务资本;$E+D$ 为总资本,即权益资本与债务资本之和。

一般来说,运用CAPM计算项目投资的资金成本可分为四个步骤。

① 确定项目的风险校正系数 β 值。一般是根据所要投资项目的性质和规模及其所属产业市场状况等,在资本市场上寻找相同或相近的公司资料来确定这一数值。

② 根据CAPM计算投资者股本资金的机会成本。

③ 根据各种可能的债务资金的有效性和成本,估算项目的债务资金成本。

④ 根据股本和债务资金在资本总额中各自所占的比例并以此为权数,应用加权平均法来计算项目的投资平均资本成本。

在资本市场上获得的 β 值是资产 β 值,即 β_a,要转化为股本资金 β 值,即

β_e，反映公司（项目）在不同的股本/债务资金结构中的融资风险，债务越大，融资风险也就越高，因而β_e也越大。β_a与β_e之间的关系为

$$\beta_e = \beta_a \left[1 + \frac{D}{E}(1-t) \right]$$

当项目投资者进行投资时，如果其资本额不高于用这种方法所计算出的加权平均资本成本，则说明投资者至少可以获得资本市场上相同投资的平均投资收益率，即项目投资满足了最低风险收益的要求。

5.1.5 绿色建筑项目融资中风险评价指标

绿色建筑项目融资中最经常使用的风险评价指标主要有项目债务覆盖率、项目债务承受比率、资源收益覆盖率。

（1）项目债务覆盖率

项目债务覆盖率是指项目可用于偿还债务的有效净现金流量与债务偿还责任的比值，它是贷款银行对项目风险的基本评价指标。该指标可以通过现金流量模型计算出项目债务覆盖率。项目债务覆盖率可以分为单一年度债务覆盖率和累计债务覆盖率两个指标。

单一年度债务覆盖率的计算公式为

$$\mathrm{DCR}_t = \frac{(\mathrm{CI}-\mathrm{CO})_t + \mathrm{RP}_t + \mathrm{IE}_t + \mathrm{LE}_t}{\mathrm{RP}_t + \mathrm{IE}_t + \mathrm{LE}_t}$$

式中，DCR_t为第t年债务覆盖率；$(\mathrm{CI}-\mathrm{CO})_t$为第$t$年项目净现金流量；$\mathrm{RP}_t$为第$t$年到期债务本金；$\mathrm{IE}_t$为第$t$年应付债务利息；$\mathrm{LE}_t$为第$t$年应付的项目租赁费用（存在租赁融资的情况下）。

一般情况下，在项目融资中，贷款银行要求$\mathrm{DCR}_t \geqslant 1$；如果项目被认为有较高风险，贷款银行会要求$\mathrm{DCR}_t$的数值相应增加，项目债务覆盖率取值范围为1.0～1.5。

贷款银行在评价一个项目融资建议时，首先要确定可接受的最低DCR_t值，该值反映了银行对项目风险的估价，也反映了银行对来自项目之外的各种信用支持结构有效性的评价。

累计债务覆盖率的计算公式为

$$\sum_{t=1}^{n} DCR_t = \sum_{t=1}^{n} \frac{(CI-CO)_t + RP_t + IE_t + LE_t}{RP_t + IE_t + LE_t}$$

式中，$(CI-CO)_t$ 为第 t 年项目未分配的净现金流量。

项目融资中应用累计债务覆盖率的作用在于它规定了项目一定比例的盈余金必须保留在项目公司中，只有满足累计债务覆盖率以上的资金部分才被允许作为利润返还给投资者，从而保证项目经常性地满足债务覆盖率的要求。通常情况下，$\sum DCR_t$ 的取值范围为 1.5～2.0。在项目融资中，只要 $DCR_t \geqslant 1$ 且 $\sum DCR_t \geqslant 1.5$，就说明项目具有较强的债务承受能力，项目的融资结构是合理的，可以接受的。

（2）项目债务承受比率

项目债务承受比率是项目现金流量的现值与预期贷款金额的比值。与项目债务覆盖率一样，项目债务承受比率也是项目融资中经常使用的指标。在项目融资中，项目债务承受比率的取值范围一般要求为 1.3～1.5。

项目债务承受比率的计算公式为

$$CR = \frac{PV}{D}$$

式中，CR 为项目债务承受比率；PV 为项目在融资期间内采用风险校正贴现率为折现率计算的现金流量的现值；D 为计划贷款的金额。

（3）资源收益覆盖率

对于依赖某种自然资源（如煤矿、石油、天然气等）的生产型项目，在项目的生产阶段有无足够的资源保证是一个很大的风险因素。因此，对于这类项目的融资，一般要求已经证实的可供项目开采的资源总储量是项目融资期间计划开采资源量的 2 倍以上。而且，还要求任何年份的资源收益率都要大于 2。

资源收益覆盖率的计算公式为

$$RCR_t = \frac{PVNP_t}{OD_t}$$

式中，RCR_t为第t年资源收益覆盖率；$PVNP_t$为第t年项目未开发的已证实资源储量的现值；OD_t为第t年偿还的项目债务总额。

$PVNP_t$的计算公式为

$$PVNP_t = \sum_{i=1}^{n} \frac{NP_t}{(1+R)^i}$$

式中，n为项目的经济寿命期；R为贴现率，一般采用同等期限的银行贷款利率作为计算标准；NP_t为项目第t年的毛利润，即销售收入与生产成本的差额。

5.1.6 绿色建筑项目融资风险的防范方法和措施

在绿色建筑项目融资中，项目参与各方谈判的核心问题之一，就是各方对风险的合理分担和严格的管理，这也是项目融资能否成功的关键。由于项目融资具有有限追索或无追索的特点，对于借款方而言，风险降低了。但是就项目而言，其风险依然存在。所以识别、评估项目中存在的风险，制定相应的措施，编制风险管理计划并付诸实施是十分必要的。

5.1.6.1 绿色建筑项目融资风险分担的结构和原则

绿色建筑项目融资的风险分担就是通过项目有关各方签订履约合同和担保协议，在各参与者之间进行合理分配项目风险。绿色建筑项目融资风险各参与方及风险结构分担如图5.1所示。

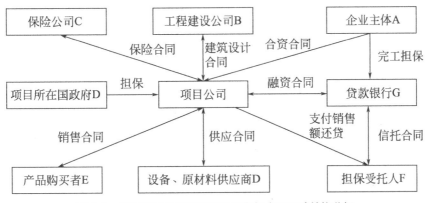

图5.1 绿色建筑项目融资风险各参与方及风险结构分担

风险分担直接关系到各参与方的经济利益，合理分担风险是为了更好地控制风险，以较小的成本风险管理，使风险发生后损失最低，也使风险发生的可能性降低。分担绿色建筑项目融资风险的原则如下。

① 公平原则。在整个绿色建筑项目中，各方获得的收益各不相同，参与者所承担的风险大小应当与其所得收益大小相匹配。即从项目上获利越多，其承担的风险也越多。

② 效率原则。项目风险由最能控制风险的一方承担相应的风险，使各种风险发生的概率降低，损失减少，控制风险的成本最小，获得利益最大。

③ 上限原则。为了保证绿色建筑项目的成功，在合同的履行阶段，承担的风险应有上限，风险必须由各方合理分担，不能让一方单独承担无限大的风险，否则影响其积极性，进而影响项目的成功。

以下主要介绍项目融资风险分担模型的线性化假设模型。

假设某项目融资中共有 n 个项目参与方，面临着 m 种风险（$n, m \in Z$），并且以 R_{ij} 表示第 i 个参与方所承担的第 j 种风险（$1 \leqslant i \leqslant n, 1 \leqslant j \leqslant m$）。由于对风险的偏好程度不同，对任何一方在获得风险收益的同时也必须付出风险成本。假定第 i 方的风险收益是：$Y_i = Y_i(R_{i_1}, R_{i_2}, \cdots, R_{i_m})$，第 i 方的风险成本是：$C_i = C_i(R_{i_1}, R_{i_2}, \cdots, R_{i_m})$。

显然只有在风险收益和风险成本相减后还有剩余的情况下，各个参与方才有承担该风险的积极性，人们把这个差额称为风险剩余，记作：$P_i = Y_i - C_i$。风险剩余的大小直接关系到参与方承担风险的积极性的大小。

项目融资风险分担的目标是在风险一定的前提下，使项目各参与方的风险剩余最大化，即

$$f(R_1, R_2, \cdots, R_m) = \max \sum_{i=1}^{n} p_i$$

为了简单起见，假定项目各参与方的风险收益和风险成本均为其承担的风险的线性函数，即

$$Y_{ij} = \sum_{k=1}^{m} Y_{ik} R_{ik} \qquad C_{ij} = \sum_{k=1}^{m} C_{ik} R_{ik}$$

式中，Y_{ij} 为第 i 方因承担第 j 种风险而应得到的收益权重；C_{ij} 为第 i 方因承担第 j 种风险所付出的成本权重；R_{ik} 表示第 i 个参与方所承担的第 k 种风险

$(1 \leq i \leq n,\ 1 \leq k \leq m)$。

将 Y_{ij} 带入项目融资风险分担的目标公式中,可以得到各个参与风险分配的目标函数。

$$f(R_1, R_2, \cdots, R_m) = \max\left[\sum_{i=1}^{n}\sum_{j=1}^{m}(Y_{ij} - C_{ij})R_{ij}\right]$$

根据假设条件,项目融资风险保持一致,因此,存在以下约束条件。

$$\sum_{i=1}^{n} R_{ij} = R_j$$

根据以上公式可以得到线性规划模型。

$$f = \max\left[\sum_{i=1}^{n}\sum_{j=1}^{m}(Y_{ij} - C_{ij})R_{ij}\right],\ i=1, 2, \cdots, n;\ j=1, 2, \cdots, m$$

$$s.t. \sum_{i=1}^{n} R_{ij} = R_j$$

解出上述模型,得到目标函数的最优值。

$$f = \max\sum_{i=1}^{n}\sum_{j=1}^{m} PR = \sum_{j=1}^{m}\left[\left(\max\sum_{i=1}^{n} P_{ij}\right)R_j\right]$$

最后的结论可以这样理解,项目的任意风险完全由对该风险偏好系数最大的项目参与方承担时,项目整体满意度最大。对某种风险的偏好系数最大,就意味着最适合承担该风险。于是,得到了风险分配的原则:将所有的风险都分配给最适合承担它的那一方。这个基本原则和人们建立模型之前确定的原则相吻合。

5.1.6.2 绿色建筑项目融资风险的具体防范措施

(1)信用风险的防范

规避项目信用风险的主要措施是实地考察项目有关参与方的资信,并通过各类资金承诺函、支持函等文件获得保障。以下主要介绍有关政府和债权人对于信用风险的管理及防范方法。

在政府参与的项目中,政府对信用风险的防范方法有:政府确保发起人完成项目的最有效办法,是对保证的条件给予实质性的落实。例如,土地划拨或出让、原材料供应、价格保证、在或取或付合同条款下的产品最低购买量以及保证外币兑换等；政府委派法律专家或财务顾问与债权人和发起人接触并协助其工作，要求其将有关财务信息、担保手续公开化，以便确信项目有足够的资金到位。

债权人管理和控制信用风险的方法有：项目公司提供担保合同或其他现金差额补偿协议，一旦出现资金不足的情况，能筹措到应急资金以渡过难关；建筑承包商提供保证，赔偿因其未能履约造成损失的担保银行的保函；项目发起人提供股权资本或其他形式的支持；产品购买者提供或取或付或其他形式的长期销售合同；项目供应商提供或供或付合同或其他形式的长期供货合同，以保证原材料的来源；项目运营方提供具备先进管理技术和管理方法的证明；评估保险公司、再保险公司按保单支付的能力和保险经纪人的责任。

（2）建设风险的防范

建设风险主要是通过一系列的融资文件和信用担保协议来防范的。针对建设风险种类不同，可以设计不同的合同文件。一般通过以下一些方式来实现：项目公司与信用好且可靠的伙伴，就供应、燃料和运输问题签订有约束力的、长期的、固定价格的合同；项目公司拥有自己的供给来源和基本设施；在项目文件中签订严格的条款，涉及承包商和供应商的包括延期惩罚、固定成本，以及项目效益和效率的标准等。另外，提高项目经营者的经营管理水平也是降低生产风险的有效途径。

（3）市场风险的防范

降低和防范市场风险的方法需要从价格及销售量两个方面入手。项目融资要求项目必须具有长期的产品销售协议作为融资的支持，这种协议的合同买方可以是项目投资者本身，也可以是对项目产品有兴趣的具有一定资信的任何第三方。通过这种协议安排，合同买方对项目融资承担了一种间接的财务保证义务。市场风险的降低取决于项目初期能否做好充分的可行性研究。在项目的建设和运营过程中，在签订的固定价格或许是在可预测价格基础上的，长期原材料及燃料供应协议和"无论提货与否均需付款"产品销售协议，也可以在很大程度上降低项目的市场风险。

降低和规避市场风险可以从以下几个方面着手：要求项目有长期产品销

售协议；长期销售协议的期限要求与融资期限一致；定价充分反映通货膨胀、利率、汇率等变化。

对于市场风险的管理控制方法有：做好国内外市场调研分析、签订购买合同，确保项目效益、政府或其公共部门保证、建立独立账户。

（4）金融风险的防范

金融风险相对较为复杂，金融风险中汇兑风险相对简单，而且一般来讲，汇兑可能与政治风险、法律风险相关。汇率风险的消除要用到一些金融衍生工具，如汇率期权、掉期交易来对冲风险。利率风险的消除也可以通过金融衍生工具来对冲其风险，其条件是资产、负债及收益使用的是可交易的硬通货。常用的消除利率风险的金融衍生工具包括利率期货、期权、远期利率协议等。

对于通货膨胀风险，可采取在协议中规定相应条款，将项目产品和服务的价格，与东道国的通货膨胀和当地货币与贷款货币的利率挂钩，采用包含通货膨胀率与利率因素在内的价格调整作为价格，或相应增加收费，或延长特许期限，以保证项目产生的现金流足以偿还债务，保证投资收益。另外还可以在产品购买协议中指定逐步提高价格的相应条款。

对于利率变化风险，可采取以某种浮动利率作为基数，加上一个利差作为项目的贷款利率；或者采用固定利率的担保形式、寻求政府的利息率保证等多种方式进行管理控制。

对于汇率风险，可运用掉期等衍生工具、外汇风险均担法，或者同东道国政府或结算银行签订远期兑换合同，实现把利率锁定在一个双方都可以接受的价位上等方式进行管理控制。

（5）环境风险的防范

对于环境风险的管理控制方法如下。

① 投保。这是项目发起人和债权人通常采用的做法，当然保险不可能面面俱到，它很难涵盖事故以外的产生连锁效应的风险损失，何况重大环境损害的潜在责任都是无限的。

② 可行性研究。把项目的法律可行性研究作为项目总的可行性研究的一个重点对待。

③ 提出融资特殊条件。债权人可要求债务人将令人满意的环境保护计划作为融资的一个特殊前提条件，并且该计划应留有一定余地，确保将来能适用强度更大的环保管制。

④ 制定好项目文件。该项目文件应包括项目公司的陈述、保证和约定，确保项目公司自身重视环保，遵守东道国的有关法律、法规等。

⑤ 提高生产效率。运营商不断提高生产效率，努力研发符合环保标准的新技术和新产品。

（6）政治风险的防范

政治风险非个人和公司所能控制，只能依靠国际社会和国家的力量来防范。项目公司应尽量尝试向我国政府机构寻求书面保证，包括政府对一些特许项目权利或许可证的有效性及可转移性的保证、对外汇管制的承诺、对特殊税收结构的批准等一系列措施。

除特许权协议外，还可以通过为政治风险投保来减少这种风险可能带来的损失，包括纯商业性质的保险和政府机构的保险。但是，提供政治风险担保的保险公司数量很少，因为市场狭小而且保险费十分高昂，同时对项目所在国的要求特别苛刻。因此，以保险的方式来规避政治风险是很困难的。

在许多大型工程项目融资中，政府、出口信贷机构和多边金融机构不仅能为项目提供资金，而且能为其他项目参与方提供一些政治上的保护，这种科学合理的产权布局可以降低政治风险，也可以寻求政府机构的担保以保证不实行强制收购，或当收购不可避免时，政府机构会以市场价格给予补偿。

（7）不可抗力的防范

主要针对直接损失而言，即通过支付保险费把风险转移给有承担能力的保险公司或出口信贷机构。保险种类依各国的法律规定有建筑工程综合保险、第三方责任保险、工伤事故赔偿保险、设备物资运输保险等。

有政府参与的项目可以寻求政府资助和保证，这是针对间接损失而言的，是对不能保险或不能以合理成本保险的不可抗力风险的管理方法。有些不可抗力风险无法确定成本，不能保险或不能按照合理的保险费投保，这往往给项目融资谈判造成障碍，发起人只愿承担不包括债权人方面的不可抗力风险，而债权人希望不承担风险。这样，发起人和债权人往往要求东道国政府提供某种形式的政府资助和担保，方式之一就是允许发起人在遭遇不可抗力风险时，可以延长合同期限以补偿投融资中尚未回报、偿还的部分。延长期限相当于实际遭受这种不可抗力的影响期，前提是此种影响只能适用于特定的一段时间。当然，这种资助不是正式的政府保证，在性质上只是对项目表示支持的一种承诺，这种保证不具有金融担保性质。

当事人各方协商分担损失，如果尚在贷款偿还期间，有政府参与的项目中，应当由政府、项目发起人、债权人三方按照事先约定的比例分担损失；如果在贷款已经偿还结束的运营期间，则由政府和项目发起人按照事先约定的比例分担损失。

5.2 绿色建筑项目融资担保

5.2.1 绿色建筑项目融资担保概述

(1) 担保的概念及种类

担保的定义为：以确保债务或其他经济合同项下的履行或清偿为目的的保证行为。担保是债务人对债权人提供履行债务的特殊保证，是保证债权实现的一种法律手段。绿色建筑项目融资担保的实质是绿色建筑项目的借款方或第三方以自己的资产或信用向贷款方或租赁机构做出的偿还保证，是分配和转移工程项目融资风险的重要手段。

担保可以分为两大类：一类是物权担保，即借款人或担保人以自己的有形财产或权益财产，为履行债务设定的物权担保，如抵押权、质押权、留置权等；另一类是人的信用担保，即担保人以自己的资信向债权人保证对债务人履行债务承担责任，有担保（保证书）、安慰信等形式。

在绿色建筑项目融资结构中，物权担保是以项目特定物产的价值或者某种权利的价值作为担保，如债务人不履行其义务，债权人可以行使其对担保物的权利来满足自己的债权。物权担保主要表现在对项目资产的抵押和控制上，包括对项目的不动产和有形动产的抵押、对无形资产设置担保物权等几个方面。信用担保的基本表现形式是项目担保。项目担保是一种以法律协议形式做出的承诺，依据这种承诺，担保人向债权人承担了一定的义务。项目担保义务可以是第二位的法律承诺，即在被担保人（主债务人）不履行其对债权人（担保受益人）所承担义务的情况下（即违约时），必须承担起被担保人的合约义务，这种担保义务是附属和依存在债务人及债权人之上的。

（2）担保的步骤

绿色建筑项目担保的步骤可以大致划分为四个阶段。

① 贷款银行向项目投资者或第三方担保人提出项目担保的要求。

② 项目投资者或第三方担保人可以考虑提供公司担保（对担保人来讲，公司担保成本最低）；如果公司担保不被接受，则需要考虑提供银行担保。后者将在银行和申请担保人之间构成一种合约关系，银行提供项目担保，而申请担保人则承诺在必要时补偿银行的一切费用。

③ 在银行提供担保的情况下，项目担保成为担保银行与担保受益人之间的一种合约关系。这是真正的担保人（项目投资者或者第三方担保人）并不是项目担保中的直接一方。

④ 如果项目所在国与提供担保的银行不在同一国家，有时担保受益人会要求担保银行安排一个当地银行作为代理人承担担保义务，而担保银行则承诺偿付其代理人的全部费用。

（3）担保在绿色建筑项目融资中的作用

绿色建筑项目融资的根本特征体现在项目风险的分担，而项目担保正是实现这种风险分担的一个关键所在。但是，许多项目风险是项目本身所无法控制的。出于对超出项目自身承受能力的风险因素的考虑，贷款银行必须要求项目投资者或与项目有关的第三方提供附加的债权担保。因此，项目担保是项目融资结构中的一个关键环节，是保障项目融资成功的首要条件。具体来说，项目担保在项目融资中起到以下重要作用。

① 降低项目投资者的风险。采用担保形式，项目投资者可以避免承担全部的和直接的项目债务责任，项目投资者的责任被限制在有限的项目发展阶段之内或者有限的金额之内。正因为如此，项目投资者才有可能安排有限追索的融资结构。采用项目担保形式，项目投资者可以将一定的项目风险转移

给第三方。通过组织一些对项目发展有利，但又不愿意直接参与项目投资或参与项目经营的机构为项目融资提供一定的担保，或者利用商业担保人提供的担保，在一定条件下可以将项目的风险因素分散和转移。

② 降低贷款人的风险。在绿色建筑项目融资中，项目担保有利于贷款人转移风险，因为贷款的风险使得贷款人在进行贷款活动中，采取各种措施来防范风险，以避免和减少损失。项目担保可使贷款人将可能发生的风险转移给担保人，一旦贷款发生风险，贷款人就可从项目担保中得到补偿。

项目担保还有利于加强对借款人的监督。担保人为借款人的借款行为担保后，就为此承担了责任，这样可以防止借款人将贷款用于非规定项目，监督借款人履行义务。

5.2.2 绿色建筑项目融资担保人

绿色建筑项目融资担保人可以分为三种：项目投资者、与项目有关的第三方参与者和商业担保人。

（1）项目投资者

工程项目的直接投资者和项目主办人作为担保人是项目融资结构中最主要及最常见的一种形式。在绿色建筑项目融资结构中，项目投资者通过建立一个专门的项目公司来经营项目和安排融资。但是，在这样的安排下，由于项目公司在资金、经营历史等各方面不足以支持融资，很多情况下贷款银行会要求借款人提供来自项目公司之外的担保作为附加的债权保证。因而，除非项目投资者可以提供其他的能够被贷款银行接受的担保人，项目投资者在大多数情况下必须自己提供一定的项目担保，如"项目完工担保""无论提货与否均需付款协议"和"提货与付款协议"等。项目投资者提供的担保可以有两种形式：直接担保和非直接担保。

（2）与项目有关的第三方参与者

在工程项目融资结构中，所谓利用第三方作为担保人，是指在项目的直接投资者之外寻找其他与项目开发有直接或间接利益关系的机构，为项目的建设或者项目的生产经营提供担保。由于这些机构的参与在不同程度上分担了项目的一部分风险，为项目融资设计一个强有力的信用保证结构创造了有利的条件，对项目的投资者具有很大的吸引力。能够提供第三方担保的机构包含以下三种类型：政府机构、与项目开发有直接利益关系的商业机构和世界银行等国际性金融机构。

（3）商业担保人

商业担保人与以上两种担保人在性质上是不同的。商业担保人以提供担保作为一种盈利的手段，承担项目的风险并收取担保服务费用。商业担保人通过分散化经营降低自己的风险。银行、保险公司和其他一些专营商业担保的金融机构是主要的商业担保人。商业担保人提供的担保服务有两种基本类型：一是担保项目投资者在项目中或项目融资中必须承担的义务；二是为防止项目意外事件的发生而做出的担保。

5.2.3　绿色建筑项目融资担保的范围和条件

5.2.3.1　绿色建筑项目融资担保的范围

一个项目可能面临各种各样的风险因素，这些风险因素可以归纳为商业风险、政治风险、金融风险和或有风险等基本类型。

（1）商业风险

商业风险是项目融资面临的最主要的风险之一，是项目担保的重要内容。大多数商业风险属于项目的核心风险，即可控制风险。作为项目融资的贷款银行，对于这类可控制的商业风险，一般都会要求项目投资者或者与项目有直接利益关系的第三方提供不同程度的担保，特别是在项目完工和建设成本控制两个方面。

（2）政治风险

政治风险是贷款银行在项目融资中关注的另一类型的风险。在政治环境不稳定的国家开展投资活动，具有很高的政治风险。没有政治风险担保，就很难组织起有限追索的项目融资结构。一般来说，项目投资者自己很难解决项目的政治风险问题，需要安排第三方参与，为贷款银行提供政治风险担保。

对于政治风险而言，一般项目所在国的政府或者中央银行应该是最理想的政治风险担保人。这些机构与项目发展有直接利益关系，对项目的投资环境有直接的决定权。如果争取到这些机构对项目融资的担保，或者争取到一些与项目经营有关的特许权协议，就可以有效地减少国外投资者和国外贷款银行对政治风险的顾虑。

（3）金融风险

项目的金融风险和政治风险一样，都属于不可控的外围风险，主要是指由于项目发起人不能控制的金融市场变化对项目可能产生的负面影响，主要包括汇率的波动、利率的变化、国际市场商品和劳务价格的涨跌等。

在项目融资中，金融风险的防范和分担是一个非常敏感的问题，对于汇率和利率风险，可以通过使用金融衍生工具来分散。但是，在东道国金融市场不完善的情况下，使用金融衍生工具存在一定的局限性。在这种情况下，境外项目发起人和贷款银行一般要求东道国政府或国家银行签订远期外汇兑换合同，把汇率锁定在一个双方可以接受的价位上，但东道国政府或银行一般不愿意承担这个风险，此时，项目公司应同东道国政府或银行签订专门合同，规定在一定范围内由各方分摊相应的汇率风险。

（4）或有风险

工程项目除了存在商业风险和政治风险外，还会因为地震、火灾以及其他一些不可预见的因素而导致失败。这类风险被称为不可预见风险，或者称为或有风险。避免这类风险主要也是采用商业保险的方法。

5.2.3.2　绿色建筑项目融资担保的条件

为了有效地涵盖绿色建筑项目所面临的商业风险、政治风险、金融风险和或有风险，基本的项目担保条件至少包括以下内容：担保受益人、项目定义、担保的用途、最大担保金额、担保有效期、启用担保的条件、担保协议以及执行担保的具体步骤。

不管绿色建筑项目担保的性质和形式如何，贷款银行在融资中通常总是坚持作为担保的第一受益人。对于贷款期限较长的项目，贷款银行在项目担保的基本格式上还会增加一些特殊的规定，以保护不因外部环境的变化而损害贷款银行的利益。

5.2.4 绿色建筑项目融资担保的形式

（1）信用担保

绿色建筑项目融资中的信用担保又称人的担保，是当事人之间的一种合同关系。在项目融资中，担保人通常是法人，包括借款人以外的其他公司、商业银行、政府、官方信贷机构等。

信用担保的主要作用是：由担保人为某一项目参与方向贷款人提供担保，当该项目参与方无法履行合同义务时，由担保人负责代其履行义务或承担赔偿责任。在信用担保中，担保人的信用是至关重要的，往往是贷款人决定是否给予贷款所要考虑的关键因素。

（2）物权担保

项目融资的物权担保是指项目公司或第三方以自身资产为履行贷款债务提供担保。

虽然物权担保被广泛地应用于国内信贷活动中，但是在项目融资这种国际融资活动中却较少使用，作用也不明显。这是因为贷款方不易控制跨国担保物，而更重要的是项目融资追索权有限。项目公司自身的资产一般不能使贷款方放心，贷款方看重的是项目本身，而非项目公司目前的资产。

虽然物权担保对于借款方没有特别大的压力，但是它仍然能够约束项目有关参与方认真履行合同，保证项目顺利建成和运营。此外，在项目融资中，借款方以项目资产做担保，使贷款方能够控制项目的经营，进而顺利地收回贷款。

（3）其他担保方式

在项目融资贷款和担保协议中，有一些条款运用得相当普遍，规定了有关借款方资信方面的内容。实际上它是借款方以自己的资信向贷款方做出的履约保证。由于这种自身担保在许多情况下涉及第三方，因此深受贷款方的重视。

① 消极担保条款。所谓消极担保条款，是指借款方向贷款方承诺，将限制在自己的资产上设立有利于其他债权人的物权担保。消极担保条款是融资协议中的一项重要条款，它一般表述为："只要在融资协议下尚有未偿还的贷款，借款人不得在其现在或将来的资产、收入或官方国际储备上为其他外债设定任何财产留置权，除非借款人立即使其融资协议下所有的未偿债务得到平等的、按比例的担保，或这种其他的担保已经得到贷款人的同意。"

② 准担保交易。在项目融资中，除了上述各种形式外，还有许多类似担保的交易，如租赁、出售和租回、所有权保留等。这些交易一般在法律上被排除在物权担保范围之外，而被视为贸易交易。但因为这些交易的经济效果类似物权担保，而且在很大程度上是为了规避物权担保的限制而进行的，故也应归入广义的"担保"范围内。

第6章

绿色建筑项目的财务分析、经济分析和社会评价

6.1 绿色建筑项目财务分析

6.1.1 财务分析的概念和内容

(1) 财务分析的概念

财务分析是指通过专门的技术和方法，运用企业的会计核算、会计资料以及其他相关资料，对企业过去、现在和将来的经营活动、筹资活动、分配活动、投资活动等的营运能力、偿债能力、盈利能力和增长性进行分析和评价的一种经济管理方法。为企业的经营者、投资者、债权人以及其他企业的组织或个人提供准确信息和依据，来了解企业过去、评价企业现状和预测企业未来。

财务分析评价的准确度是影响项目投资的关键因素。要根据财务评价分析的结果制订适宜的资金计划，为银行贷款提供可信担保。

(2) 绿色建筑项目财务分析的主要内容

绿色建筑项目管理财务分析评价的主要内容如下。

第一，盈利能力分析。项目的盈利能力是投资者在做出投资决策时要考虑的首要因素。因此，投资者进行项目投资的主要动力就是明确盈利能力分析。这直接关系到项目能否在实际运行中顺利发展。盈利能力分析如下。

① 主要通过计算资本利润率、投资利润率等静态指标，考察项目在正常生产年份投资的盈利能力，判别项目风险的大小、能否达到行业的平均水平等。

② 项目的盈利能力是指寿命期内项目的盈利水平，动态分析指标主要有财务内部收益率、项目净现值、投资回收期等。若要判断该投资项目的可行性。主要通过考察整个项目期内的投资回收能力和项目盈利能力。

第二，偿债能力分析。偿债能力分析用于判断按期偿还债务的能力，它关系到投资者的财务风险和信用程度，同时也是投资者制定筹资和融资决策的主要依据。评价偿债能力主要考虑以下两个因素。

① 考察项目偿还固定资产投资国内借款所需要的时间。

② 考察项目资金的流动性水平、负债偿还能力和风险大小。

以上两个因素主要计算财务比率指标和分析绿色建筑项目投入运行后的资金流动情况。

第三，财务生存能力分析。通过分析利润分配表和财务辅助表得到财务现金流量表，再根据财务现金流量表测算绿色建筑项目在考察期内的现金流出和流入，从而计算出累计盈余资金和净现金流量，这样就能判断出是否需要足够的净现金流量来维持企业的正常运转，实现财务的连续性，保持健康的生存能力。

通过以上步骤完成财务分析后，就应汇总各种财务指标。由于绿色建筑项目投资所需的财务分析数据多源于估算或预测，因此造成了财务评价的不确定性。最后，综合分析不确定性分析的结果，做出绿色建筑项目的财务分析的最终结论。

6.1.2 绿色建筑项目财务盈利能力分析

绿色建筑项目财务赢利能力分析是项目财务分析的重要组成部分，包括现金流量分析（动态分析）和静态分析。其中主要包括投资财务净现值财务内部收益率、投资回收期的计算等。

(1) 项目投资财务净现值

项目投资财务净现值是指按设定的折现率 i_c 计算的项目计算期内各年净现金流量的现值之和，其计算公式为

$$\text{FNPV} = \sum_{t=1}^{n}(\text{CI}-\text{CO})_t(1+i_c)^{-t}$$

式中，CI 为现金流入；CO 为现金流出；i_c 为设定的基准利率；t 为计算期。

项目投资财务净现值是考察项目赢利能力的绝对量指标，它反映项目在满足设定折现率要求的赢利之外所能获得的超额赢利的现值。若 $\text{FNPV} \geqslant 0$，

表明项目的赢利能力达到或超过了设定折现率所要求的赢利水平,该项目财务效益可以被接受。

（2）项目投资财务内部收益率

项目投资财务内部收益率是指项目在整个计算期内各年净现金流量现值累计等于零时的折现率,它是考察项目赢利能力的相对量指标,是能够保证项目有正现金流量的最低收益率。该指标为正向指标,值越大越好,其表达式为

$$\sum_{t=1}^{n}(CI-CO)_t(1+FIRR)^{-t}=0$$

式中,CI 为现金流入；CO 为现金流出；FIRR 为财务内部收益率；n 为计算期；$(CI-CO)_t$ 为第 t 年的净现金流量。

计算后,将得到的项目投资财务内部收益率与设定的基准参数（i_c）进行比较,当 FIRR $\geqslant i_c$ 时,即认为项目的营利性能够满足要求,该项目财务效益可以被接受。

（3）项目投资回收期

项目投资回收期是指以项目的净收益抵偿全部投资（固定资产投资、流动资金）所需要的时间,它是考察项目在财务上的投资回收能力的主要静态评价指标。投资回收期以年表示,一般从建设开始年算起,若从项目投产年算起,则应予以说明,其表达式如下。

$$\sum_{t=1}^{P_t}(CI-CO)_t=0$$

项目投资回收期可借助项目的现金流量表,依据未经折现的净现金流量和累计净现金流量计算,项目现金流量表中累计净现金流量由负值变为零时的时点,即为项目的投资回收期,其计算公式为

$$P_t = \text{累计净现值流量开始出现正值的年份数} - 1 + \frac{\text{上年累计净现值流量的绝对值}}{\text{当年净现金流量}}$$

此公式的计算前提是假设现金在每一年度的各个时点是均匀流入或流出

的。投资回收期越短，表明项目的赢利能力和抗风险能力越好。投资回收期的判别标准是基准投资回收期，其参数可根据行业平均水平或者投资者的预期要求确定。

(4) 项目投资利润率

项目投资利润率是指项目达到设计生产能力后的一个正常生产年份的年利润总额与项目总投资的比率。对生产期内各年利润总额变化幅度较大的项目，应计算生产期内年平均利润总额，其计算公式为

$$项目投资利润率=\frac{年利润总额或年平均利润总额}{项目总投资}\times 100\%$$

式中，项目总投资=固定资产投资+建设期利息+流动资金。

在项目经济评价中，应该将投资利润率与行业平均投资利润率进行比较，以判别项目单位投资赢利能力是否达到了本行业的基准水平。

6.1.3 绿色建筑项目偿债能力分析

项目偿债能力分析是通过编制相关报表，计算利息备付率、偿债备付率等比率指标，考察项目借款的偿还能力的一项分析内容。如果采用借款偿还期指标，可不再计算备付率；如果计算备付率，可不再计算借款偿还期指标。两项指标之间有一定的替代性。

(1) 借款偿还期

借款偿还期的定义公式为

$$I_\mathrm{d}=\sum_{t=1}^{P_\mathrm{d}}R_t$$

式中，I_d 为固定资产投资国内借款本金和建设期利息之和；R_t 为第 t 年可用于还款的资金，包括未分配利润、折旧、摊销及其他还款资金。

借款偿还期的计算公式为

$$P_\mathrm{d}=T-t+\frac{R'_T}{R_T}$$

式中，P_d 为借款偿还期；T 为借款偿还后开始出现盈余年份数；t 为开始借款年年份数（从投产年算起时，t 为投产年年份数）；R_T' 为第 T 年偿还借款额；R_T 为第 T 年可用于还款的资金额。

当借款偿还期满足借款机构的相关要求时，即认为项目是有偿还能力的。

借款偿还期指标旨在计算最大偿还能力，适用于尽快还款的项目，不适用于约定了借款偿还期限的项目。对于在合同中已明确约定借款偿还期限的项目，应采用偿债备付率、利息备付率指标来计算分析项目的偿债能力。

（2）偿债备付率

偿债备付率是指项目在借款偿还期内，各年可用于还本付息的资金与当期应还本付息金额的比值，即

$$偿债备付率 = \frac{可用于还本付息资金}{当期应还本付息金额}$$

式中，可用于还本付息资金，指息税折旧摊销前利润减去所得税后的余额，包括可用于还款的折旧和摊销，以及可用于还款的利润等；当期应还本付息金额包括当期应还贷款本金及计入成本的利息。

偿债备付率可以按年计算，也可以按整个借款期计算。偿债备付率表示可用于还本付息的资金偿还借款本息的保证倍率。偿债备付率在正常情况下应当大于1；当指标小于1时，表示当年资金来源不足以偿付当期债务，需要通过短期借款偿付已到期债务。

（3）利息备付率

利息备付率是指项目在借款偿还期内，各年可用于支付利息的税息前利润与当期应付利息费用的比值，即

$$利息备付率 = \frac{税息前利润}{当期应付利息}$$

式中，税息前利润=利润总额+计入总成本费用的利息；当期应付利息是指计入总成本费用的全部利息。

利息备付率可以按年计算，也可以按整个借款期计算。利息备付率表示项目的利润偿付利息的保证倍率。对于正常运营的企业，利息备付率应大于

2，否则，表示付息能力保障程度不足。

（4）资产负债率

资产负债率是反映项目各年所面临的财务风险程度及偿债能力的指标，其计算公式为

$$资产负债率=\frac{负债合计}{资产合计}\times100\%$$

资产负债率按年度计算，其值应不超过设定的安全值。

（5）流动比率

流动比率是反映项目各年偿付流动负债能力的指标，其计算公式为

$$流动比率=\frac{流动资产总额}{流动负债总额}\times100\%$$

流动比率按年度计算，其值应不小于设定的安全值，财务上通行的标准是2。

（6）速动比率

速动比率是反映项目各年快速偿付流动负债能力的指标，其计算公式为

$$速动比率=\frac{流动资产-存货}{流动负债}\times100\%$$

速动比率按年度计算，其值应不小于设定的安全值，财务上通行的标准是1。

6.1.4 项目财务生存能力分析

项目财务生存能力分析是通过编制财务计划现金流量表，结合偿债能力分析，考察项目资金平衡和余缺等财务状况，判断其财务可持续性。项目的利润表以及资产负债表在偿债能力分析和财务生存能力分析中也起着相当重要的作用。

财务生存能力分析旨在分析考察"有项目"时在整个计算期内的资金充裕程度，分析财务运作上的可持续性，判断在财务上的生存能力，一般可根

据财务计划现金流量表进行。

（1）分析是否有足够的净现值流量维持正常运营

在项目运营期间，只有能够从各项经济活动中得到足够的净现金流量，项目才能持续生存。财务生存能力分析中应根据财务计划现金流量表，考察项目计算期内各年的经营活动、投资活动和融资活动所产生的各项现金流入及流出，计算净现金流量和累计净现金流量，计算分析项目是否有足够的净现金流以维持正常的运营。

由于借款合同的期限规定，因运营期前期的还本付息负担较重，故应特别注重运营期前期的财务生存能力分析。可以通过对多种融资方案的比选，最终选择还款压力较小的方案，以提高项目的偿债能力和财务生存能力。

拥有足够的经营净现金流量是财务上可持续的基本条件，特别是在运营初期。一个项目具有较大的经营净现金流量，说明该项目方案比较合理，实现自身资金平衡的可能性较大，不用过分依赖短期借款融资来维持运营；反之，一个项目如果不能产生足够的经营净现金流量，甚至经营净现金流量为负值，则说明维持项目正常运行会遇到财务上的困难，实现自身资金平衡的可能性小，有可能要靠短期借款融资来维持运营，有些项目可能需要政府补贴来维持其正常运营。

（2）各年累计盈余资金不出现负值是财务上可持续的必要条件

在整个运营期间，允许个别年份的净现金流量出现负值，但不能允许任一年份的累计盈余资金出现负值。一旦出现这种情况，应适时进行短期借款融资。该短期借款融资应贯穿于以后的相关计算分析之中。较大的或较频繁的短期借款融资，有可能导致以后的累计盈余资金无法实现正值，致使项目难以持续正常运营。

6.1.5 不确定分析

项目评价所采用的数据大部分来自估算和预测，与将来项目建设、经营中的实际值很有可能不一致，即有一定程度的不确定性。为了分析不确定因素对经济评价指标的影响，需要进行不确定性分析，即预估一些在主要因素发生变化的情况下其对评价指标的影响程度，估计项目可能存在的风险，考察项目的财务可靠性。根据拟建项目的具体情况，有选择地进行敏感性分析和盈亏平衡分析。

（1）敏感性分析

通过分析、预测项目主要不确定因素的变化对项目评价指标的影响程度，找出对评价指标影响最大的因素，即敏感因素，分析评价指标对该因素的敏感程度，并分析该因素达到临界值时项目的承受能力。一般将产品价格、产品产量（生产负荷）、主要原材料价格、建设投资、汇率等作为考察的不确定因素，将内部收益率作为要分析的评价指标。

敏感性分析有单因素敏感性分析和多因素敏感性分析两种。单因素敏感性分析是逐一对不确定因素变化的影响进行分析；多因素敏感性分析是对两个或两个以上互相独立的不确定因素同时变化的影响进行分析。在实际中，通常是两个或两个以上的不确定因素同时发生变化，但考虑到分析简便，故只进行单因素敏感性分析。敏感性分析结果用敏感性分析表和敏感性分析图表示。

敏感性分析图如图6.1所示。

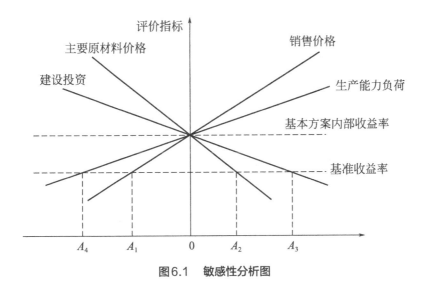

图6.1　敏感性分析图

图 6.1 中每一条斜线的斜率反映内部收益率对该不确定因素的敏感程度，斜率越大表示敏感度越高。一张图可以同时反映多个因素的敏感性分析结果。每条斜线与基准收益率线的相交点即所对应的不确定因素变化率。图 6.1 中 A_1、A_2、A_3、A_4 即为该因素的临界点，将不确定因素在临界点上的变化率转化为绝对值，即为不确定因素的临界值。

敏感性分析表如表 6.1 所示。

表6.1 敏感性分析表

序号	不确定因素	变化率/%	内部收益率	敏感系数	临界点/%	临界值
0	方案原始状态					
1	产品产量					
2	产品价格					
3	主要原材料价格					
4	建设投资					
5	汇率					

表 6.1 中所列的不确定因素是可能对评价指标产生影响的因素，分析时可选用一个或多个因素。不确定因素的变化范围可自行设定，根据需要选定项目评价指标，其中最主要的评价指标是财务内部收益率。

（2）盈亏平衡分析

盈亏平衡分析是反映成本、业务量和利润之间关系的分析。在进行这种分析时，将产量或者销售量作为不确定因素，求得盈亏平衡时临界点所对应的产量或者销售量。盈亏平衡点越低，表示项目适应市场变化的能力越强，抗风险能力越强。盈亏平衡点常用生产能力利用率或者产量表示，一般认为，当生产能力利用率低于 70% 时，抗风险能力达到要求。

盈亏平衡分析有线性盈亏平衡分析和非线性盈亏平衡分析两种。若所分析的不确定因素为产量（假设产量等于销售量），并且假定项目的销售收入与可变成本均是产量的线性函数，则这种平衡点分析可称为产量的线性盈亏平衡分析。一般情况下只作线性盈亏平衡分析，其分析的解析式如下。

用生产能力利用率表示的盈亏平衡点BEP为

$$BEP = \frac{年固定总成本}{年销售收入 - 年可变成本 - 年销售税金及附加 - 年增值税} \times 100\%$$

用产量表示的盈亏平衡点BEP_Q为

$$BEP_Q = \frac{年固定总成本}{单位产品销售价格 - 单位产品可变成本 - 单位产品销售税金及附加 - 单位产品增值税}$$

两者之间的换算关系为

$$BEP_Q = BEP \times 设计生产能力$$

盈亏平衡点应按项目投产后的正常年份计算，而不能按计算期内的平均值计算。项目评价中常使用盈亏平衡分析图表示分析结果，如图6.2所示。

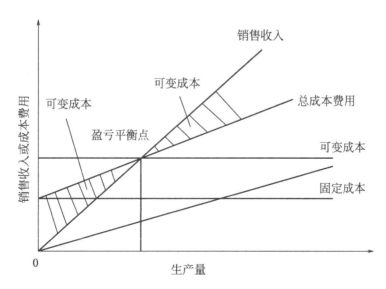

图6.2 盈亏平衡分析图生产量

敏感性分析可以帮助人们找到关键的不确定因素，可针对这些关键影响因素提出合理建议和措施，以保证预定盈利水平的实现。

6.2 绿色建筑项目经济分析

6.2.1 经济分析的概念及内容

（1）经济分析的概念

经济分析是按照合理配置资源的原则，站在国家整体角度上综合考虑项目的效用、费用，并且采用社会折现率、影子汇率、影子工资和货物影子价格等经济分析参数综合分析计算欲投资项目对社会经济所做贡献和经济合理性。经济分析主要从宏观的角度分析评价项目实施过程中可能出现的各种外部效果，提出尽量减少或避免项目负面效果的建议和措施，以保证项目顺利实施并使项目正面效果持续发挥。

（2）经济分析的步骤

经济分析主要通过如下步骤进行。

① 经济分析采用费用效益分析方法，寻求以最小的投入获取最大的产出，使得投入产出比最大。

② 经济分析采取"有无对比"方法识别项目的增量效益与费用，排除即使没有该项目也可能产生的费用和效益。

③ 经济分析采取影子价格估算各项效益和费用，以便真实、合理地进行估算和评价。

④ 经济分析遵循效益和费用的配比及一致性原则。

⑤ 经济费用效益分析采用费用效益流量分析方法，采用内部收益率、净现值等经济营利性指标进行定量的经济效益分析。经济费用效果分析对费用和效果采用不同的度量方法，计算效果费用比或费用效果比指标。

（3）经济分析的意义及其作用

项目是否需要进行经济分析是以市场配置资源是否有效来划分的。市场自行调节的行业项目一般不需要进行经济分析，而是通过市场竞争决定其生存，由市场竞争优胜劣汰机制促进生产力的不断发展和进步。而市场配置资源失灵的项目需要进行经济分析，这主要是因为在现实经济中，市场本身的缺陷及政府某些时候不恰当的干预可能导致市场在配置资源方面失灵，使得现有的市场价格难以反映资源的真实经济价值，需要通过经济分析反映投资项目的真实经济价值，判断投资的经济合理性，为投资决策提供依据。

① 政府审批或核准项目的重要依据。
② 有助于实现全社会利益和企业利益的统一和协调。
③ 正确反映项目对社会经济的净贡献，评价项目的经济合理性。
④ 为市场化运作的基础设施等项目提供财务方案的制定依据。
⑤ 比选和优化项目，为政府合理配置资源提供依据。

6.2.2　经济效益和经济费用

（1）经济效益和经济费用识别的原则

① 全面性原则。项目对社会经济所做的贡献，均计为项目的经济效益，包括项目的直接效益和间接效益。凡社会经济为项目所付出的代价均计为项目的经济费用，包括直接费用和间接费用。对项目涉及的所有社会成员的有关效益和费用进行全面识别。

② 剔除转移支付的原则。转移支付代表购买力的转移行为，接受转移支付的一方所获得的效益与付出方所产生的费用相等，转移支付行为本身没有导致新增资源的发生。在经济费用效益分析中，税赋、补贴、国内借款和利息属于转移支付。一般在进行经济费用效益分析时，不得再计算转移支付的影响。

③ 遵循有无对比原则。判别项目的经济效益和费用，要从有无对比的角度进行分析，将"有项目"与"无项目"的情况加以对比，以确定增量效益和增量费用。

④ 以本国社会成员作为分析对象的原则。对于跨越国界，对本国之外的其他社会成员产生影响的项目，应重点分析对本国公民新增的效益和费用。

项目对本国以外的社会群体所产生效果，应进行单独陈述。

（2）经济效益和经济费用的分类

① 直接效益和间接效益。直接效益是指由项目产出物产生，在项目范围内计算的经济效益，主要表现是项目为社会生产提供物质产品、科技文化成果和各种各样的服务所产生的效益。间接效益是指由项目引起，在直接效益中没有得到反映的效益，如项目使用劳动力、非技术劳动力经训练转变为技术劳动力和技术扩散的效益等。

② 直接费用和间接费用。直接费用是指项目使用投入物所产生的、在项目范围内计算的经济费用，一般表现为投入项目的各种物料、人工，资金，技术以及自然资源所带来的社会资源的消耗。间接费用是由于项目的外部性所导致的项目对外部的影响，指由项目引起而在项目的直接费用中没有得到反映的费用。如项目对自然环境造成的损害，项目造成的环境污染和生态破坏，是项目的一种间接费用，一般很难加以量化。

6.2.3 经济效益和经济费用的估算

（1）经济效益和经济费用估算的原则

① 实际价值原则。对项目进行经济分析时，应对所有效益和费用采用反映资源真实价值的实际价格进行计算，并考虑相对价格变动，但不考虑通货膨胀因素的影响。

② 机会成本原则。一个项目占用了某种资源，则这些资源就失去了用于其他项目的机会，在经济学上称为"机会成本"。项目投入物的经济价值的计算应遵循机会成本原则，分析项目所占用资源的机会成本。机会成本应按该资源可能发挥的最优效益计算。

③ 支付意愿原则。项目产出物正面效益的计算应遵循支付意愿原则，分析社会成员为项目所产出的效益愿意支付的价值。

④ 受偿意愿原则。项目产出物负面影响的计算应遵循接受补偿意愿原则，分析社会成员为接受这种不利影响所要求补偿的价值。

（2）市场定价货物的影子价格

根据货物（指项目的各种投入物和产出物）的可外贸性，将货物分为可外贸货物和非外贸货物；根据货物价格机制的不同，将货物分为市场定价货物和非市场定价货物。可外贸货物通常属于市场定价货物；非外贸货物中既有市场定价货物，也有非市场定价货物。

① 可外贸货物影子价格。原则上，对于那些对进出口有不同影响的货物，应当分别按不同情况，采取不同的影子价格定价方法。但在实践中，为了简化工作，可以只对项目投入物中直接进口的和产出物中直接出口的，采取进出口价格测定影子价格，计算公式如下。

$$\text{进口投入物的影子价格（到厂价）} = \text{到岸价（CIF）} \times \text{影子汇率} + \text{进口费用}$$

$$\text{出口投入物的影子价格（出厂价）} = \text{离岸价（FOB）} \times \text{影子汇率} - \text{进口费用}$$

式中，影子汇率是指外汇的影子价格，应能正确地反映国家外汇的经济价值，由国家指定的专门机构统一发布。

② 非外贸货物影子价格。非外贸货物影子价格的计算分为以下两种情况：如果项目处于竞争市场环境中，应采用市场价格作为计算项目投入和产出影子价格的依据；如果项目的投入或产出的规模很大，项目的实施将足以影响其市场价格，导致"有项目"和"无项目"两种情况下市场情况不一致，在项目评价中，取两者的平均值作为测算影子价格的依据。

（3）特殊货物的影子价格

① 不具备市场价格的产出效果的影子价格。当项目的产出效果不具有市场价格，或市场价格难以真实反映其经济价值时，应采用"显示偏好"的方法，通过其他相关市场价格信号，间接估算产出效果的影子价格；或利用"陈述偏好"的意愿调查法，分析调查对象的支付意愿或接受补偿的意愿，推断出项目影响效果的影子价格。

② 政府调控价格货物的影子价格。我国尚有少部分产品或服务不完全由市场机制决定价格，而是由政府调控价格。政府调控价格包括政府定价、指

导价、最高限价、最低限价等。这些产品或者服务的价格不能完全反映其真实的经济价值。在经济分析中，往往需要采取特殊的方法测定这些产品或服务的影子价格，具体包括成本分解法、机会成本法和消费者支付意愿法。

（4）特殊投入物的影子价格

① 劳动力的影子价格。劳动力的影子价格（影子工资）等于劳动力的机会成本与因劳动力转移而引起的新增资源消耗之和，可通过影子工资换算系数进行计算。

$$影子工资 = 财务工资 \times 影子工资换算系数$$

式中，影子工资换算系数具体取值要根据当地劳动力的供求状况决定，技术劳动力的影子工资一般可根据实际支付工资计算。

② 土地的影子价格。项目所占用的住宅、休闲用地等非生产性用地，市场完善的，应根据市场交易价格估算其影子价格；无市场交易价格或市场不完善的，应根据支付意愿估算其影子价格。

项目占用的若是农业、牧业、林业、渔业及其他生产性用地，其影子价格应按照其未来对社会可提供的消费产品的支付意愿及因改变土地用途而发生的新增资源消耗计算，其计算公式为

$$土地影子价格 = 土地机会成本 + 新增资源消耗价值$$

式中，新增资源消耗应按照在"有项目"情况下土地的占用造成原有地上附属物财产的损失及其他资源耗费来计算。土地机会成本应适当考虑净效益的递增速度以及净效益计算基年距项目开工年的年数，以此确定折现期限。土地机会成本计算公式为

$$OC = \frac{NB_0(1+g)^{T+1}[1-(1+g)^n(1+i_s)^{-n}]}{i_s - g}$$

式中，OC为土地机会成本；n为项目计算期；NB_0为基年土地的最佳可行替代用途的净效益（用影子价格计算）；T为净效益计算基年距项目开工年的年数；g为土地的最佳可行替代用途的年平均净效益增长率；i_s为社会折现率（$i_s \neq g$）。

③ 自然资源的影子价格。在经济分析中，各种有限的自然资源也被归类

为特殊投入物。如果该资源的市场价格不能合理、有效地反映其经济价值，或者项目并未支付费用，该代价应该用表示该资源经济价值的影子价格表示。不可再生资源的影子价格应当按该资源用于其他用途的机会成本计算，可再生资源的影子价格可以按资源再生费用计算。

（5）外部效果的计算

计算范围应考虑环境及生态影响效果、技术扩散效果和产业关联效果。一般只计算一次性的外部影响效果。可采用外部效果内部化的计算方法，政府可以通过对有负外部性的物品征税和对有正外部性的物品进行补贴来解决这些问题。有条件时可将具有相关关联的项目拴在一起作为"项目群"进行评价，是外部效果的处理内部化。对无法量化的外部效果，应进行定性分析。环境及生态影响的外部效果是费用效益分析中必须加以考虑的一种特殊形式的外部效果，应尽可能对项目所带来的环境影响的效益和费用进行识别、量化和货币化，将其列入经济现金流。

6.2.4 绿色建筑项目经济分析评价

在经济费用效益分析中，费用及效益被识别和估算之后，应编制经济费用效益分析报表，并根据报表计算相关的评价指标，进行经济效益分析，以此判断项目的经济合理性。

（1）经济净现值

经济净现值是指用社会折现率将项目计算期内各年的经济净效益流量折算到项目建设期初的现值之和，是经济费用效益分析的主要指标，其计算式为

$$\text{ENPV} = \sum_{t=1}^{n}(B-C)_t(1+i_s)^{-t}$$

式中，ENPV为经济净现值；B为经济效益流量；C为经济费用流量；$(B-C)_t$为第t年的经济净效益流量；n为计算期；i_s为社会折现率。

经济净现值是反映项目对社会经济净贡献的绝对量指标。项目的经济净现值结果等于或大于零，表示拟建项目可以得到或超过社会折现率所要求的

以现值表示的社会盈余,从经济分析的角度看,该项目可以被接受。经济净现值为正向指标,值越大,表明该项目所带来的经济效益越大。

(2)经济内部收益率

经济内部收益率是指能使项目在计算期内各年经济净效益流量的现值累计等于零时的折现率,是经济费用效益分析的辅助指标,其表达式为

$$\sum_{t=1}^{n}(B-C)_t(1+\text{EIRR})^{-t}=0$$

式中,B 为经济效益流量;C 为经济费用流量;$(B-C)_t$ 为第 t 年的经济净效益流量;n 为计算期;EIRR 为经济内部收益率。

经济内部收益率是从资源配置角度反映项目经济效益的相对量指标,表示项目占用的资金所能获得的动态收益率,反映了资源配置的经济效率。项目的经济内部收益率等于或大于社会折现率(i_s)时,即 $\text{EIRR} \geq i_s$,表明项目对社会经济的净贡献达到或者超过了社会折现率的要求,有较好的经济效益。

(3)经济效益费用比

经济效益费用比是项目在计算期内效益流量的现值与费用流量的现值的比率,是经济费用效益分析的辅助评价指标,其计算公式为

$$R_{\text{BC}}=\frac{\sum_{t=1}^{n}B_t(1+i_s)^{-t}}{\sum_{t=1}^{n}C_t(1+i_s)^{-t}}$$

式中,R_{BC} 为经济效益费用比;B_t 为第 t 期的经济效益;C_t 为第 t 期的经济费用。

如果 $R_{\text{BC}}>1$,表明项目资源配置的经济效率达到了可以被接受的水平。

6.2.5 经济费用效果分析

(1)经济费用效果概念

费用效果分析是指通过对项目预期效果和所支付费用的比较,判断项目

费用的有效性和项目经济合理性的分析方法。效果是指该项目引起的效应或效能，表示项目目标的实现程度，往往不能或难以货币量化。费用是指社会经济为项目所付出的代价，是可以用货币量化计算的。费用效果分析是项目决策分析与评价的基本方法之一，当项目效果不能或难以货币量化时，或货币量化的效果不是项目目标的主体时，在经济分析中可采用费用效果分析方法，其结论作为项目投资决策的依据。

（2）费用效果分析程序

① 费用计算。费用应包含从项目投资开始到项目终结的整个期间所产生的全部费用。正常情况下应计算包括投资、运营及寿命期末处理全过程的折现费用，即项目寿命周期费用。费用可按现值公式或按年值公式计算，其计算公式为

$$PC = \sum_{t=1}^{n} CO_t (P/F, i, t)$$

式中，PC 为费用现值；CO_t 为第 t 期的现金流出量；n 为计算期；i 为折现率；$(P/F, i, t)$ 为现值系数。

$$AC = \left[\sum_{t=1}^{n} CO_t (P/F, i, t)\right](A/P, i, n)$$

式中，AC 为费用年值；$(A/P, i, n)$ 为资金回收系数。

② 经济费用效果分析指标。效果费用比率是费用效果分析的主要指标，其计算公式为

$$R_{E/C} = \frac{E}{C}$$

式中，$R_{E/C}$ 为效果费用比；C 为项目的计算期费用，用现值或年值表示；E 为项目效果。

有时为方便或习惯起见，也可采用费用效果比指标。

$$R_{C/E} = \frac{C}{E}$$

使用该指标时一定要谨慎，费用效果比说明的是在现有资源约束下，效果与资源投入之间的关系，但是费用效果比最低并不能作为选择项目的充分

条件。如果有几个费用效果比，只有在分子或分母完全相同的情况下，根据费用效果比的排序才能作为项目决策的依据。

（3）费用效果分析的基本方法

① 最大效果法。在费用固定的情况下，追求效果的最大化，也称固定费用法。例如，用于某贫困地区扶贫的资金通常是事先固定的，扶贫效用最大化是通常要追求的目标，也就是采用最大效果法。

② 最低费用法。在项目效益固定的情况下，选择能够达到效果的各种可能方案中费用最低的方案，也称固定效果法。例如，优化一个满足特定标准的教育设施项目，如一所学校，其设施要达到的标准和可以容纳的学生人数事先确定下来，可以采用最低费用法。

③ 增量分析法。当备选方案效果和费用均不固定，且分别具有较大幅度的差别时，应比较两个备选方案之间的费用差额和效果差额，比较、分析为获得增量效果所付出的增量费用是否值得，不可盲目选择效果费用比大的方案或者费用效果比小的方案。采用增量分析法时，需事先确定基准指标，如果增量效果超过增量费用，可以选择费用高的方案，否则选择费用低的方案。

6.3 绿色建筑项目社会评价

6.3.1 社会评价的概念及内容

（1）社会评价的概念

社会评价是识别和评价投资项目的各种社会影响，分析当地社会环境对拟建项目的适应性和可接受程度。评价投资项目的社会可行性，其目的是促进利益相关者对项目投资活动的有效参与，优化项目建设实施方案，规避投资项目社会风险。

(2)社会评价的内容

社会评价从以人为本的原则出发,研究内容包括项目的社会影响分析(表6.2)、适应性和可接受程度分析(表6.3)和社会风险分析(表6.4)三个方面。

表6.2 绿色建筑项目社会影响分析表

序号	社会因素	影响的范围和程度	可能出现的后果	措施建议
1	对居民收入的影响			
2	对居民生活水平和生活质量的影响			
3	对居民就业的影响			
4	对不同利益相关者的影响			
5	对地区文化、教育、卫生的影响			
6	对弱势群体利益的影响			
7	对地区基础设施、社会服务容量和城市化进程等的影响			
8	对少数民族风俗习惯和宗教的影响			

表6.3 社会对绿色建筑项目的适应性和可接受程度分析表

序号	社会因素	适应程度	可能出现的后果	措施建议
1	不同利益相关者的态度			
2	当地社会组织的态度			
3	当地社会环境条件及文化状况			

表6.4 社会风险分析表

序号	社会因素	持续时间	可能出现的后果	措施建议
1	移民安置问题			
2	民族矛盾、宗教问题			
3	弱势群体支持问题			
4	受损补偿问题			

（3）社会评价的作用

① 有利于经济发展目标与社会发展目标协调一致，防止单纯追求项目经济效益。

② 有利于项目所在地区利益协调一致，减少社会矛盾和纠纷。

③ 有利于避免或减少项目建设和运营的社会风险，提高投资效益。

6.3.2 社会评价的过程

社会评价过程是相关信息资料的调查、整理和分析的过程，一般包括调查社会资料、识别社会因素、论证比选方案。社会评价应该根据项目所处的阶段获取所需要的资料。

6.3.3 绿色建筑项目社会评价的方法

（1）社会评价方法

① 定性分析和定量分析。项目影响的社会因素比较繁杂。有的社会因素可以采用一定的计算公式定量计算，如就业效益、收入分配效果等；而更多的社会因素则难以计量，更难以采用一定的量纲用统一的计算公式进行计算。因此，社会评价通常采用定量分析与定性分析相结合，指标评价与经验判断相结合的方法，能定量的就进行定量分析，不能定量的则进行定性分析。在评价过程中，也可先进行定量分析，再通过定性分析进行补充说明。

② 初步社会评价和详细社会评价。初步社会评价是在预可行性研究阶段进行社会评价时常采用的一种简便方法。运用这一方法可大致了解拟建项目所在地区社会环境的基本状况，识别主要的影响因素，粗略地预测可能出现的情况及其对项目的影响程度。详细社会评价是在可行性研究阶段广泛应用的一种评价方法。其功能是在初步社会评价的基础上，采用定量与定性分析相结合的方法，结合项目的工程技术方案，进一步研究与项目相关的社会因素和社会影响程度，进行详细论证并预测风险程度，系统地评价社会影响。

（2）社会评价指标

为准确反映项目的社会效果，社会评价指标应把社会性指标（如教育、健康等）和经济性指标（如收入增加、新增就业机会、生产率提高、收入分配等）综合在一起，作为分析项目社会影响及效果的辅助工具。绿色建筑项目社会评价指标举例见表6.5。

表6.5 绿色建筑项目社会评价指标举例

目标层	一级指标	二级指标	三级指标
绿色建筑项目社会评价指标体系	与社会的相互适应性	政策符合性	与国家方针政策的符合程度
			与地区发展政策的符合程度
		可持续性	项目效益的持续性
	对社会的影响	就业效益性	直接就业效益
			间接就业效益
		对居民经济生活的影响	居民人均收入增长率
			社会恩格尔系数
		对社会稳定的影响	居民满意程度
		对自然资源的影响	自然资源消耗系数
			自然资源综合利用效益
			综合节约效益
		对生态环境的影响	对绿化地的破坏指标
			对自然环境污染破坏指标
	……	……	……

（3）社会分析中的利益相关者分析

利益相关者是指与项目有利害关系的人、群体或机构。利益相关者分析在社会评价中用于辨认项目利益相关群体，分析他们对项目的实施及实现目标的影响。利益相关者分析一般按照以下四个步骤进行：

① 识别利益相关者；

② 分析利益相关者的利益构成；

③ 分析利益相关者的影响力；

④ 制定参与方案。

6.3.4 绿色建筑项目社会评价报告

社会评价的结果应形成社会评价报告，报告内容应能够满足进一步明确投资项目应达到的社会目标等要求，并可作为针对这些目标制定项目方案的依据。在绿色建筑投资项目的研究论证中，社会评价可能以独立的研究报告的形式出现，也可能以投资项目可行性研究报告或咨询评估报告等项目论证报告中的一个独立章节的形式出现。

绿色建筑项目社会评价报告的编写要求如下。

（1）所采用的基础数据应真实可靠

基础数据是评价的基础。基础数据有错误，特别是社会经济调查的资料有错误，不管选用的分析评价指标多么正确，也难以得出正确的评价结论。因此，社会评价非常重视社会经济调查工作，要求尽可能全面地了解项目影响区域的社会经济真实情况。报告采用定量分析，或项目背景及定性分析需要引用的数据资料，应确保资料引用来源可靠，要选用最能支持和说明观点的关键指标及最新、权威的数据资料，并明确指出数据的来源渠道。对于国家及当地统计部门已经发布的数据，要求至少是上一年度的统计数据。对于统计部门尚未发布、通过其他途径获得的数据，引用时应对数据的准确性进行分析论证。

（2）分析方法的选择要合理

社会评价应在社会基础数据资料调查研究的基础上，对拟建项目预期可能的社会影响进行预测分析。应根据项目所在地区的实际情况，通过定性分析与定量分析相结合的方法，对未来可能的社会影响后果进行分析预测。

（3）结论观点明确，客观可信

结论中必须对建设项目可能造成的社会影响、所采用的减轻负面社会影响措施的可行性、合理性做出明确回答，不能模棱两可。结论必须以严谨客观的分析论证为依据，不能带有感情色彩。

（4）报告格式应规范

应强调社会评价报告的客观性、科学性、逻辑性和可读性。报告写作应合理采用图表等形式，使报告的论证分析过程直观明了，版面图文并茂，简化不必要的文字叙述。语言表达要准确、简明、朴实、严谨，行文不加夸饰和渲染。凡带有综合性、结论性的图表都应放到报告正文之中，对于有参考价值的图表应放到报告的附件中，以减少正文篇幅。

第 7 章
绿色建筑项目综合评价

2021年2月国务院发布了《关于加快建立健全绿色低碳循环发展经济体系的指导意见》，强调要全方位推行绿色规划、绿色设计、绿色建设，推进高质量发展和高水平保护，确保实现碳达峰、碳中和目标。绿色智慧建筑是一种融入了BIM、GIS、物联网、云计算等技术的新生代建筑，在节约资源和提高能源利用率的同时减少了环境污染与资源浪费，对我国能源紧缺现状的缓解具有很大作用。

7.1 我国的绿色建筑评价标准

我国已有绿色建筑的评价标准,结合我国最新颁布的《绿色建筑评价标准》(GB/T 50378—2019)和《绿色建造技术导则(试行)》,可以总结出绿色建筑的评价体系(表7.1)。

表7.1 绿色建筑评价体系

一级指标	二级指标	三级指标	评分细则
绿色建筑评价U	安全耐久U_1	安全U_{11}	抗震设计 人员安全 防护功能的配件 室内外防滑措施 人车分流措施
		耐久U_{12}	提升建筑适变性 建筑部件耐久性 结构材料耐久性 合理使用建筑材料
	健康舒适U_2	室内空气品质U_{21}	室内主要空气污染物浓度 装饰装修材料满足国标要求
		水质U_{22}	水质满足国标要求 储水设施满足卫生要求 管道、设备设置明确
		声环境与光环境U_{23}	优化室内声环境 隔声性能良好 充分利用天然光
		室内热湿环境U_{24}	良好的室内热湿环境 优化建筑空间和平面布局 改善室内热舒适
	生活便利U_3	出行与无障碍U_{31}	交通联系便捷 全龄化设计
		服务设施U_{32}	提供便利公共服务 绿地、广场开阔 合理设置健身场地和空间

续表

一级指标	二级指标	三级指标	评分细则
绿色建筑评价U	生活便利U_3	智慧运行U_{33}	自动远传计量系统 空气质量监测系统 水质在线监测系统 智能化服务系统
		物业管理U_{34}	节能、节水、节材、绿化 建筑平均日用水量 建筑运行效果评估 建立绿色教育宣传
	资源节约U_4	节地与土地利用U_{41}	节约土地 合理利用地下空间 机械式停车设施
		节能与能源利用U_{42}	优化建筑围护结构热工性能 供暖空调系统 降低输配系统能耗 节能设备及节能措施 降低建筑耗能 合理利用可再生资源
		节水与水资源利用U_{43}	使用高效率等级卫生器具 采用节水设备或技术 雨水综合利用 使用非传统水源
		节材与绿色建材U_{44}	建筑一体化设计及施工 合理选用建筑结构材料与构件 工业化内装部品 可再循环再利用材料 绿色建材
	环境宜居U_5	场地生态与景观U_{51}	合理布局 规划雨水径流 设置绿化用地 合理布置室外吸烟区 绿色雨水基础设施
		室外物理环境U_{52}	优化环境噪声 避免光污染 自然通风 降低热岛强度

由表7.1可以看出，现有的绿色建筑评价标准中，仅有"智慧运行"这一个体现智慧化的指标，但随着"十四五"规划提出大力发展绿色建筑和建设智慧城市，绿色建筑技术得到发展，也对建筑的"智慧化"提出了新的要求。在国家"3060"碳达峰碳中和目标下，绿色建造的内涵和外延也必然发生巨大变化。

7.2 绿色建筑项目的综合评价模型

7.2.1 基于改进AHP的模糊综合评价法

（1）建立评价指标集

第一步是需要为目标构建一种判定的评估指标体系。一般来说模糊综合的判别模型包括三层指标，分别是目标层、准则层和方案层。评价对象X是评价指标的集合，其具有层次性。一级指标可建立为

$$X=(K_1, K_2, K_3, \cdots, K_n)$$

二级指标可建立为

$$K_i=(M_1, M_2, M_3, \cdots, M_n)$$

（2）建立评价等级

$$V=(V_1, V_2, V_3, \cdots, V_n)$$

（3）构建模糊关系矩阵

对于模糊关系矩阵也就是隶属度矩阵的建立，除了要建立评语集合外，还要建立等级因素的隶属程度集，也就是把每一个可能影响评价对象的因素进行定量分析之后，确定它在等级中的具体位置。那么所有这些因素就共同参与形成模糊关系矩阵。

构造比较矩阵A。

$$A = \begin{bmatrix} a_{11} & a_{12} & \cdots & a_{1n} \\ a_{21} & a_{22} & \cdots & a_{2n} \\ \vdots & \vdots & \vdots & \vdots \\ a_{n1} & a_{n2} & \cdots & a_{nn} \end{bmatrix}$$

式中，$a_{ij} = \begin{cases} 0 & \text{第}i\text{因素没有第}j\text{因素重要} \\ 1 & \text{第}i\text{因素和第}j\text{因素同等重要} \\ 2 & \text{第}i\text{因素比第}j\text{因素重要} \end{cases}$。

（4）利用改进AHP法计算权重

AHP层次分析法是一种将定性与定量分析方法相结合的多目标决策分析方法。改进的层次分析法则是以传统层次分析法为基础，在构造判断矩阵的策略上做了改变，用更为简洁的三标度法代替之前的九标度法，使专家更容易理解，评判打分更为直观。并且由于标度的简化，省略了一致性检验的步骤，具有较高的精度。

求解判断矩阵 H 中的元素 h_{ij}。

$$r_i = \sum_{j=1}^{n} a_{ij}, \quad h_{ij} = \begin{cases} \dfrac{(r_i - r_j)(k_m - 1)}{r_{max} - r_{min}} + 1, & r_i \geq r_j \\ \left[\dfrac{(r_j - r_i)(k_m - 1)}{r_{max} - r_{min}} + 1\right]^{-1}, & r_i < r_j \end{cases}$$

式中，$r_{max} = \max(r_i)$；$r_{min} = \min(r_i)$；$k_m = r_{max}/r_{min}$。

求解拟优一致矩阵 E 中的元素 e_{ij}。

$$u_{ij} = \lg h_{ij} \quad d_{ij} = \frac{1}{n}\sum_{k=1}^{n}(u_{ik} - u_{jk}) \quad e_{ij} = 10^{d_{ij}}$$

计算上述构造的判别矩阵的每一行元素的乘积 M，然后计算它的 n 次方根，结果如下所示。

$$W_i = \sqrt[n]{M_i} = \sqrt[n]{\Pi e_{ij}}$$

对向量 W_i 进行归一化处理得到 W_i'。

$$W_i' = \frac{W_i}{\sum_{i=1}^{n} W_i}$$

可以得到 n 个元素的权重向量。

$$W=(W_1, W_2, W_3, \cdots, W_n)$$

7.2.2 实证分析

祥源金港湾项目地处某市高新产业技术开发区，由某房地产开发有限公司建成，总建筑面积500000m²，总占地面积175213m²，共计房屋1258户，其容积率为2.3，绿地率达到30%。该公司在充分贯彻落实"节地、节水、节能、节材"绿色可持续发展战略的基础上，采取了严格的管理方法，一方面获得丰厚的经济收益，另一方面又取得良好的社会评价。

绿色房地产开发项目的评估指标体系力争遵循系统性、动态性和相对独立性的原则，设计的指标体系需要根据当今市场的建筑行业规范及房地产评估体系选择多个较为系统全面的指标，各指标之间需要有一定的相对独立性，从而避免重复冗杂指标的出现；为保证指标的选取也要是动态可调整的，可以对房地产全流程进行动态评估。同时，为了方便对指标的理解、计算以及应用，指标体系的原则也应该简单易行。结合层次分析法，构建该绿色房地产开发项目评价指标体系（表7.2）。

表7.2　绿色房地产开发项目评价体系

目标层A	准则层B（一级指标）	方案层C（二级指标）
绿色房地产开发项目评价体系A	环境指标B_1	水资源循环利用C_1 土地集约利用C_2 再生能源与节能技术利用C_3 建筑材料性能与再生利用C_4 室内外生态环境质量C_5 绿色建筑智能管理C_6 环境污染综合治理C_7
	经济指标B_2	绿色建筑工程造价C_8 绿色房地产销售收入C_9 绿色房地产运营维护费用C_{10} 绿色房地产市场占有率C_{11}

续表

目标层A	准则层B（一级指标）	方案层C（二级指标）
绿色房地产开发项目评价体系A	社会指标B_3	房地产企业信誉完整度C_{12} 居民满意度C_{13} 政府认可度C_{14}
	管理指标B_4	工期C_{15} 施工质量C_{16} 现场安全C_{17}

（1）AHP模型的建立

绿色房地产开发项目选用改进的AHP-模糊综合评价法对构建的体系进行系统评价，具体步骤如下。

目标层：绿色房地产开发项目评价。

一级指标：一级指标因子共有4个。

二级指标：二级指标因子共有17个。

（2）构建判断矩阵以及单层权重计算

根据表7.2中建立的绿色房地产开发评价指标体系，结合各指标间的相互关系构造层次结构。邀请来自绿色建筑和房地产行业的专家对各因素指标两两比较，进行打分，结果如下，构造判断矩阵，计算相应的权重。

$$A = \begin{bmatrix} 1 & 2 & 2 & 2 \\ 0 & 1 & 2 & 2 \\ 0 & 0 & 1 & 0 \\ 0 & 0 & 2 & 1 \end{bmatrix}$$

按照改进的模糊综合评价法的步骤进行计算，得到各个准则层（一级指标）的权重：$W_A = (W_{B_1}, W_{B_2}, W_{B_3}, W_{B_4})$=(0.5638, 0.2634, 0.0550, 0.1178)。运用同样的方法和原理，构建指标层（二级指标）对准则层的判断矩阵：

$$B_1 = \begin{bmatrix} 1 & 2 & 0 & 2 & 0 & 2 & 2 \\ 0 & 1 & 0 & 0 & 0 & 2 & 2 \\ 2 & 2 & 1 & 2 & 0 & 2 & 2 \\ 0 & 2 & 0 & 1 & 0 & 2 & 2 \\ 2 & 2 & 2 & 2 & 1 & 2 & 2 \\ 0 & 0 & 0 & 0 & 0 & 1 & 0 \\ 0 & 0 & 0 & 0 & 0 & 2 & 1 \end{bmatrix} \quad B_2 = \begin{bmatrix} 1 & 1 & 2 & 1 \\ 1 & 1 & 2 & 1 \\ 0 & 0 & 1 & 0 \\ 1 & 1 & 2 & 1 \end{bmatrix}$$

$$B_3 = \begin{bmatrix} 1 & 2 & 2 \\ 0 & 1 & 2 \\ 0 & 0 & 1 \end{bmatrix} \qquad B_4 = \begin{bmatrix} 1 & 0 & 0 \\ 2 & 1 & 0 \\ 2 & 2 & 1 \end{bmatrix}$$

按照改进的方法进行计算，得到各个指标层（二级指标）的权重。

W_{B_1}=(0.1427, 0.0437, 0.2750, 0.0726, 0.4268, 0.0146, 0.0246)。

W_{B_2}=(0.3125, 0.3125, 0.0625, 0.3125)。

W_{B_3}=(0.6370, 0.2583, 0.1047)。

W_{B_4}=(0.1047, 0.2583, 0.6370)。

（3）各层元素对目标层的合成权重计算

通过上述计算及其评定结果得到绿色房地产开发项目评价目标综合权重表，如表7.3所示。

表7.3 绿色房地产开发项目评价目标综合权重表

目标层	准则层（一级指标）	一级权重	方案层（二级指标）	二级权重	权重
A	B	W_i	C	W_j	$W_{ij}=W_iW_j$
绿色房地产开发项目评价体系A	环境指标B_1	0.5638	水资源循环利用C_1	0.1427	0.0804
			土地集约利用C_2	0.0437	0.0246
			再生能源与节能技术利用C_3	0.2750	0.1551
			建筑材料性能与再生利用C_4	0.0726	0.0409
			室内外生态环境质量C_5	0.4268	0.2406
			绿色建筑智能管理C_6	0.0146	0.0082
			环境污染综合治理C_7	0.0246	0.0139
	经济指标B_2	0.2634	绿色建筑工程造价C_8	0.3125	0.0823
			绿色房地产销售收入C_9	0.3125	0.0823
			绿色房地产运营维护费用C_{10}	0.0625	0.0165
			绿色房地产市场占有率C_{11}	0.3125	0.0825
	社会指标B_3	0.0550	房地产企业信誉完整度C_{12}	0.6370	0.0350
			居民满意度C_{13}	0.2583	0.0142
			政府认可度C_{14}	0.1047	0.0058
	管理指标B_4	0.1178	工期C_{15}	0.1047	0.0123
			施工质量C_{16}	0.2583	0.0304
			现场安全C_{17}	0.6370	0.0750

(4）确定评价标准集

评价标准集选用5个等级评价体系，分别为优秀、良好、合格、较差、极差。并且由此确定采用每一个标准相对应的评判分，可以用V表示评价标准集，则有

$$V=\{V_1, V_2, V_3, V_4, V_5\}=\{优秀,良好,合格,较差,极差\}$$
$$=\{[100\sim 80), [80\sim 60), [60\sim 40), [40\sim 20), [20\sim 0)\}$$

(5）准则层的模糊综合评价

根据项目实际情况，通过收集相关资料和采用问卷调查的方式，咨询建筑、环保、房地产行业的专家组成的10人专家组，收集了这些专家对绿色房地产开发项目的评审意见，整理后得到的模糊评价矩阵如下。

$$P_{B_1}=\begin{bmatrix} 0.2 & 0.3 & 0.3 & 0.1 & 0.1 \\ 0.3 & 0.3 & 0.2 & 0.1 & 0.1 \\ 0.3 & 0.4 & 0.1 & 0.1 & 0.1 \\ 0.5 & 0.3 & 0.1 & 0.1 & 0 \\ 0.3 & 0.4 & 0.1 & 0.1 & 0.1 \\ 0.3 & 0.3 & 02 & 0.1 & 0.1 \\ 0.2 & 0.3 & 0.2 & 0.2 & 0.1 \end{bmatrix} \quad P_{B_2}=\begin{bmatrix} 0.2 & 0.3 & 0.3 & 0.1 & 0.1 \\ 0.3 & 0.3 & 0.2 & 0.1 & 0.1 \\ 0.2 & 0.3 & 0.3 & 0.1 & 0.1 \\ 0.3 & 0.4 & 0.2 & 0.1 & 0 \end{bmatrix}$$

$$P_{B_3}=\begin{bmatrix} 0.4 & 0.3 & 0.2 & 0.1 & 0 \\ 0.3 & 0.3 & 0.2 & 0.1 & 0.1 \\ 0.2 & 0.5 & 0.1 & 0.1 & 0.1 \end{bmatrix} \quad P_{B_4}=\begin{bmatrix} 0.2 & 0.4 & 0.2 & 0.1 & 0.1 \\ 0.3 & 0.3 & 0.1 & 0.2 & 0.1 \\ 0.3 & 0.3 & 0.2 & 0.1 & 0.1 \end{bmatrix}$$

按照改进的AHP法的步骤，计算出的各个评价指标权重向量W，建立模糊的评价矩阵，按照公式$Y=WP$来计算准则层（一级指标）的综合评价向量。

$$Y_{B_1}=W_{B_1}P_{B_1}=(0.2978, 0.3702, 0.1368, 0.1025, 0.0927)$$
$$Y_{B_2}=W_{B_2}P_{B_2}=(0.2625, 0.3313, 0.2375, 0.1000, 0.0688)$$
$$Y_{B_3}=W_{B_3}P_{B_3}=(0.3532, 0.3209, 0.1895, 0.1000, 0.0363)$$
$$Y_{B_4}=W_{B_4}P_{B4}=(0.2895, 0.3105, 0.1742, 0.1258, 0.1000)$$

(6）目标层模糊综合评价

运用模糊层次综合评价的相关计算规则，根据准则层（一级指标）模糊综合评价的计算结果，构建本项目的目标层模糊评价矩阵，则目标层模糊评

价矩阵为

$$P_A = \begin{bmatrix} 0.2978 & 0.3702 & 0.1368 & 0.1025 & 0.0927 \\ 0.2625 & 0.3313 & 0.2375 & 0.1000 & 0.0688 \\ 0.3532 & 0.3209 & 0.1895 & 0.1000 & 0.0363 \\ 0.2895 & 0.3105 & 0.1742 & 0.1258 & 0.1000 \end{bmatrix}$$

根据公式 $Y=WP$，目标层综合评价向量为

$$Y_A = W_A P_A = (0.2906, 0.3502, 0.1706, 0.1044, 0.0842)$$

根据最大隶属度原则，可以以此来确定房地产开发项目的综合评判结果。通过全面的分析，同时对指标进行量化得到综合评价数值。利用公式 $S=YG^T$ 计算得到房地产开发项目的综合评价值，得到量化后的综合评价结果。这里进行量化的评价标准集 G 的取值为评价标准集 V 中相对应数值的中位数，量化后的综合评语值 S 为

$S = Y_A G^T$

$= (0.2906, 0.3502, 0.1706, 0.1044, 0.0842) \times (90, 70, 50, 30, 10)^T$

$= 63.1710$

（7）评价结果分析

通过以上全部的模糊综合评价法的计算，按照最大隶属度原则，可得房地产开发项目最大综合评价值为0.3502，隶属于评语集中的良好水平。这说明该项目的整体情况为良好，根据量化后的综合评判结果，计算得出本项目整体评价的综合分数为63.1710，相对应于良好水平。综合以上的两种评判结果，该项目在整体上体现是良好的。

由评价结果分析可知，绿色建筑和房地产的绿色可持续性相关联成为现代化绿色房地产开发的核心，对绿色房地产开发有影响的主要指标包括环境指标、经济指标、社会指标和管理指标。其中环境指标占主要因素，可见人们对于绿色可持续发展以及环保意识的重视；其次是经济、管理、社会指标，严格的管理能带来良好的经济效益，经济条件又为管理打下坚实的基础，它们相辅相成，使项目获得良好的社会评价。在这四个指标的前提下，建立了绿色房地产开发项目模糊综合评价模型，并且通过相应的案例对此评价体系进行了验证，进一步丰富了我国绿色房地产开发评价体系。

为推动我国绿色房地产开发战略的实施，提高绿色经济发展水平，应优先考虑以下几点内容。

① 应重点关注环境问题，各地政府应该大力支持绿色建筑的发展，进一步加大绿色建筑产品开发研究，颁布有关政策进行扶持和补贴，加快绿色地产产业升级。绿色房地产项目开发路途崎岖，企业应重点考虑将能源利用、垃圾处理等技术充分利用到建设中去。绿色建筑并不是环保材料与节能的相加，它既符合了"节地、节水、节能、节材、环保"的相关规定，又符合人们对绿色房地产的健康、舒适、安全的要求。

② 在管理问题上，为推动房地产行业绿色低碳循环发展，鼓励有条件的企业进行更加先进的管理方法的探索和创新。在资源极度匮乏情况之下，如何利用科学先进的管理技术在保质保量的前提下节约资源也是一门重要学问。

③ 在经济问题上，绿色房地产开发项目在绿色建筑项目中占据重要位置，而企业的经济收益决定了企业对绿色产品的开发力度。对于绿色房地产行业中的龙头企业，在碳达峰和碳中和的背景下，坚持绿色、环保、健康的生产理念，努力探索零碳住宅，为行业发展提供可借鉴的"绿色样板"。

7.3 基于模糊综合评价法的绿色智慧建筑的综合评价

建筑领域的绿色化、智慧化是新的发展方向，但是绿色智慧建筑的评价标准国家尚未出台，也还没有行业标准。绿色智慧建筑的评价体系及评价等级标准的建立，是当前亟待解决的问题，此问题的研究对绿色建造的投资、验收、政府监管和奖励都有重要意义。

综合国内外的学术研究，学者们对绿色建筑、智能建筑的研究源源不断。评价对象集中在绿色智能建筑上的评价内容主要包括"四节 环保"、智能设备、技术、环境、材料和管理等因素，这些评价体系为绿色智慧建筑的发展奠定了基础。在绿色经济与可持续发展的政策背景下，人们构建了绿色智慧建筑评价体系，包括安全耐久、健康舒适、生活便利、资源节约、环境宜居、智慧化、创新与特色指标，继而运用层次分析-模糊综合评价（AHP-FCE）法确定各二级指标的权重，建立了五级评价等级标准。

7.3.1 基于改进AHP-FCE法的绿色智慧建筑评价指标体系

构建较为系统且全面的绿色智慧建筑项目的评价体系，需要选择一级、二级指标以及相应的评分细则，各指标之间应相对独立，从而避免重复冗杂指标的出现。同时，为了方便理解计算以及应用，指标体系的构建也应该简单易行。遵循系统性、动态性和相对独立性的原则，结合中国最新颁布的《绿色建筑评价标准》（GB/T 50378—2019）和由中国建筑节能协会2021年发布的团体标准《智慧建筑评价标准》，构建了绿色智慧建筑评价指标体系，见表7.4。

表7.4 绿色智慧建筑评价指标体系

目标层	一级指标	二级指标	评分细则
绿色智慧建筑评价指标U	安全耐久U_1	安全U_{11}	合理提高建筑抗震性能 人员安全防护措施 采用安全功能的产品或配件 室内地面、室外路面防滑措施 人车分流且交通系统照明充足
		耐久U_{12}	提升建筑适变性 提升建筑部件部品耐久性 提高建筑结构材料耐久性 合理使用装饰装修建筑材料
	健康舒适U_2	室内空气品质U_{21}	控制室内主要空气污染物浓度 装饰装修建筑材料满足国标要求
		水质U_{22}	直饮水、景观水等水质满足国标要求 水池等储水设施满足卫生要求 给排水管道设备有永久性标识
		声环境与光环境U_{23}	优化主要房间室内声环境 主要房间隔声性能良好 充分利用天然光
		室内热湿环境U_{24}	良好的室内热湿环境 改善自然通风效果 改善室内热舒适

续表

目标层	一级指标	二级指标	评分细则
绿色智慧建筑评价指标U	生活便利U_3	出行与无障碍U_{31}	场地交通联系便捷 公共区域满足全龄化设计要求
		服务设施U_{32}	提供便利的公共服务 城市绿地、广场等场地开阔 合理设置健身场地和空间
		物业管理U_{33}	制定节能、节水、节材、绿化预案 建筑平均日用水量满足国标要求 定期对建筑运行效果进行评估 建立绿色教育宣传和实践机制
	资源节约U_4	节地与土地利用U_{41}	节约集约利用土地 合理开发利用地下空间 停车场设计合理
		节能与能源利用U_{42}	优化建筑围护结构热工性能 供暖空调系统能效优于国标要求 降低供暖空调系统能耗 采用节能设备及节能措施 采取措施降低建筑耗能 合理利用可再生资源
		节水与水资源利用U_{43}	使用较高效率等级卫生器具 灌溉、冷却水采用节水设备 雨水综合利用营造景观水体 使用非传统水源
		节材与绿色建材U_{44}	土建装修一体化设计及施工 合理选用建筑结构材料与构件 建筑装修选用工业化内装部品 选用可再循环可再利用材料 选用绿色建材
	环境宜居U_5	场地生态与景观U_{51}	合理布局建筑及景观 规划地表和屋面雨水径流 合理设置绿化用地 合理布置室外吸烟区 设置绿色雨水基础设施
		室外物理环境U_{52}	场内环境噪声优于国标要求 建筑及照明设计避免光污染 活动舒适自然通风 降低热岛强度

续表

目标层	一级指标	二级指标	评分细则
绿色智慧建筑评价指标U	智慧化U_6	智慧安防U_{61}	具备公共安全智慧预警功能 视频监控具有检测功能 设置应急响应系统 机房工程及其自身防护措施规范 视频安防监控系统有效显示 消防安防有联动功能且正常 消防安防有联动功能且工作正常 安防系统具有防破坏能力 安防系统采用专用传输网络
		智慧构架与平台U_{62}	支持部署物联网应用服务 平台能对各子系统进行集中监控管理 平台遵循模块化建设原则 平台支持二次开发 实现设备全生命周期监测管理 具有智慧建筑运维平台对接功能 平台能够智能化分析数据 具有数据共享等具体应用
		智慧运行U_{63}	具有智慧停车管理系统 具有智慧物业管理系统 用物联网技术实现智能家居 具有人员定位室内导航服务 信息查询及发布系统功能完备 无线网络按需覆盖 主要用电建筑设备接入智慧平台 具有办公自动化系统 具有建筑能源计量管理平台 设置自动远传计量系统 设置空气质量监测与发布系统 设置水质和给排水在线监测系统
	创新与特色U_7	提高与创新U_{71}	进一步降低供暖空调系统耗能 建筑风貌设计与传承建筑文化 提高场地绿容率 合理选用废弃场地 结构体系与建筑构件符合要求 应用BIM技术 降低单位面积碳排放强度 绿色施工和管理 采用建设工程质量潜在缺陷保险产品

续表

目标层	一级指标	二级指标	评分细则
绿色智慧建筑评价指标U	创新与特色U_7	特色U_{72}	获得绿色建筑标识 满足国家电网要求 设置设备监控健康指数 满足不同习好人员个性化需求 应用大数据人工智能等技术

注：创新与特色是对$U_1 \sim U_6$指标因素进行相应提高，其中提高与创新项中评分细则详见《绿色建筑评价标准》（GB/T 50378—2019）中9.2.1～9.2.9，特色项中评分细则详见《智慧建筑评价标准》中9.0.1～9.0.5。

7.3.2 实证分析

翔安正荣府项目坐落于沙美路与翔安南路交会处，由某市正澎置业有限公司建成，项目总建筑面积为114307.13m²，占地面积为27595.52m²，绿化率为30%，容积率为2.8。规划物业形态有商业街、景观园林、篮球场等，项目周边有香山公园和沙美公园，环境优美，且紧挨地铁出入口，出行十分方便。

（1）基于改进的AHP-FCE法构建评价体系

下面结合表7.4中列出的7个一级指标因子和20个二级指标因子，用改进的AHP-FCE法对翔安正荣府的绿色智慧项目级别进行综合评价。

（2）构建判断矩阵以及单层权重计算

根据表7.4中建立的绿色智慧建筑评价指标体系，结合各指标间的相互关系构造层次结构。邀请来自绿色智慧建筑和房地产行业的专家对各因素指标进行两两比较并打分，结果如下，构造判断矩阵，计算相应的权重。

$$U^* = \begin{bmatrix} 1 & 2 & 2 & 0 & 2 & 0 & 2 \\ 0 & 1 & 2 & 0 & 1 & 0 & 2 \\ 0 & 0 & 1 & 0 & 0 & 0 & 2 \\ 2 & 2 & 2 & 1 & 2 & 1 & 2 \\ 0 & 1 & 2 & 0 & 1 & 0 & 2 \\ 2 & 2 & 2 & 1 & 2 & 1 & 2 \\ 0 & 0 & 0 & 0 & 0 & 0 & 1 \end{bmatrix}$$

按照改进的模糊综合评价法的步骤进行计算，得到各个准则层（一级指标）的权重。

$$W_U = \left(W_{U_1}, W_{U_2}, W_{U_3}, W_{U_4}, W_{U_5}, W_{U_6}, W_{U_7}\right)$$
$$=(0.1481, 0.0607, 0.0253, 0.3451, 0.0607, 0.3451, 0.0151)$$

运用同样的方法和原理，构建方案层（二级指标）准则层的判断矩阵：

安全耐久指标 $U_1=(U_{11}, U_{12})$，$U_1^* = \begin{bmatrix} 1 & 2 \\ 0 & 1 \end{bmatrix}$；

健康舒适指标 $U_2=(U_{21}, U_{22}, U_{23}, U_{24})$，$U_2^* = \begin{bmatrix} 1 & 2 & 0 & 0 \\ 0 & 1 & 0 & 0 \\ 2 & 2 & 1 & 0 \\ 2 & 2 & 2 & 1 \end{bmatrix}$；

生活便利指标 $U_3=(U_{31}, U_{32}, U_{33})$，$U_3^* = \begin{bmatrix} 1 & 0 & 0 \\ 2 & 1 & 2 \\ 2 & 0 & 1 \end{bmatrix}$；

资源节约指标 $U_4=(U_{41}, U_{42}, U_{43}, U_{44})$，$U_4^* = \begin{bmatrix} 1 & 0 & 0 & 0 \\ 2 & 1 & 2 & 2 \\ 2 & 0 & 1 & 2 \\ 2 & 0 & 0 & 1 \end{bmatrix}$；

环境宜居指标 $U_5=(U_{51}, U_{52})$，$U_5^* = \begin{bmatrix} 1 & 2 \\ 0 & 1 \end{bmatrix}$；

智慧化指标 $U_6=(U_{61}, U_{62}, U_{63})$，$U_6^* = \begin{bmatrix} 1 & 0 & 0 \\ 2 & 1 & 0 \\ 2 & 2 & 1 \end{bmatrix}$；

创新与特色指标 $U_7=(U_{71}, U_{72})$，$U_7^* = \begin{bmatrix} 1 & 1 \\ 1 & 1 \end{bmatrix}$。

按照改进的方法进行计算，得到各个方案层（二级指标）的权重：

安全耐久指标权重 $W_{U_1} = (0.7500, 0.2500)$；

健康舒适指标权重 $W_{U_2} = (0.1178, 0.0550, 0.2634, 0.5638)$；

生活便利指标权重 $W_{U_3} = (0.1047, 0.6370, 0.2583)$；

资源节约指标权重 $W_{U_4}=(0.0550, 0.5638, 0.2634, 0.1178)$；
环境宜居指标权重 $W_{U_5}=(0.7500, 0.2500)$；
智慧化指标权重 $W_{U_6}=(0.1047, 0.2583, 0.6730)$；
创新与特色指标权重 $W_{U_7}=(0.5000, 0.5000)$。

（3）各层元素对目标层的合成权重计算

通过上述计算及其评定结果，得到绿色智慧建筑项目综合评价指标的权重，见表7.5。

表7.5 绿色智慧建筑项目综合评价指标的权重

目标层 U	一级指标 U_i	一级权重 W_i	二级指标 U_{ij}	二级权重 W_j	权重 $W=W_iW_j$
绿色智慧建筑评价体系 U	安全耐久 U_1	0.1481	安全 U_{11}	0.7500	0.1111
			耐久 U_{12}	0.2500	0.0370
	健康舒适 U_2	0.0607	室内空气品质 U_{21}	0.1178	0.0072
			水质 U_{22}	0.0550	0.0033
			声环境与光环境 U_{23}	0.2634	0.0160
			室内热湿环境 U_{24}	0.5638	0.0342
	生活便利 U_3	0.0253	出行与无障碍 U_{31}	0.1047	0.0026
			服务设施 U_{32}	0.6370	0.0161
			物业管理 U_{33}	0.2583	0.0065
	资源节约 U_4	0.3451	节地与土地利用 U_{41}	0.0550	0.0190
			节能与能源利用 U_{42}	0.5638	0.1946
			节水与水资源利用 U_{43}	0.2634	0.0909
			节材与绿色建材 U_{44}	0.1178	0.0407
	环境宜居 U_5	0.0607	场地生态与景观 U_{51}	0.7500	0.0455
			室外物理环境 U_{52}	0.2500	0.0152
	智慧化 U_6	0.3451	智慧安防 U_{61}	0.1047	0.0361
			智慧架构与平台 U_{62}	0.2583	0.0891
			智慧运行 U_{63}	0.6730	0.2323
	创新与特色 U_7	0.0151	提高与创新 U_{71}	0.5000	0.0076
			特色 U_{72}	0.5000	0.0076

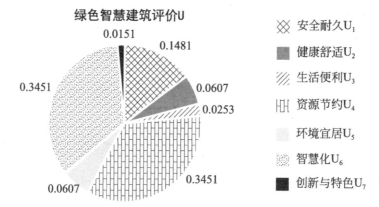

图 7.1　准则层指标的权重图

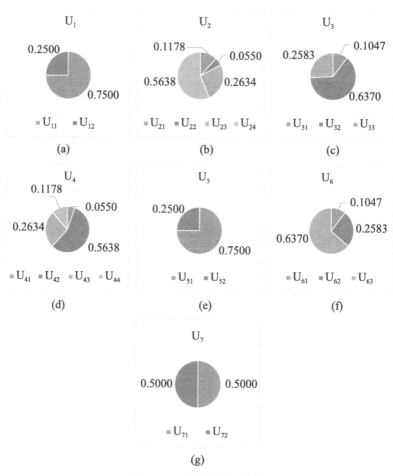

图 7.2　方案层指标的权重图

各指标权重分布如图7.1和图7.2所示。影响绿色智慧建筑评价的主要指标是资源节约（U_4，权重为0.3451）与智慧化（U_6，权重为0.3451），其次是安全耐久（U_1，权重为0.1481）。影响安全与耐久（U_1）的主要指标是安全（U_{11}，权重为0.7500）；影响健康舒适（U_2）的主要指标是室内热湿环境（U_{24}，权重为0.5638）；影响生活便利（U_3）的主要指标是服务设施（U_{32}，权重0.6730）；影响资源节约（U_4）的主要指标是节能与能源利用（U_{42}，权重为0.5638）；影响环境宜居（U_5）的主要指标是场地生态与景观（U_{51}，权重为0.7500）；影响智慧化（U_6）的主要指标是智慧运行（U_{63}，权重为0.6370）；影响创新与特色（U_7）的主要指标提高与创新（U_{71}，权重为0.5000）和特色（U_{72}，权重为0.5000）。

指标权重总排序如图7.3所示。在所有影响指标中，最主要的是智慧运行（U_{63}），其次是节能与能源利用（U_{42}），接着是安全（U_{11}）、节水与水资源利用（U_{43}）以及智慧架构与平台（U_{62}）。

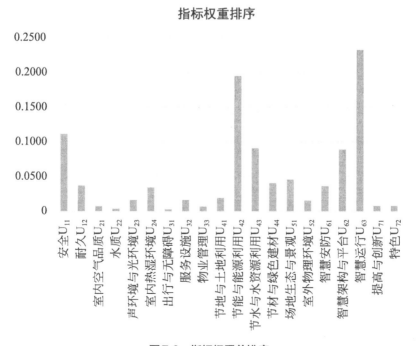

图7.3 指标权重总排序

(4) 确定评价标准集

绿色智慧建筑项目的评价标准集采用《智慧建筑评价标准》中星级评定的五等级评价体系，分别为一星级、二星级、三星级、四星级、五星级。用 V 表示评价标准集，则有

$$V=\{V_1, V_2, V_3, V_4, V_5\}$$
$$=\{一星级，二星级，三星级，四星级，五星级\}$$
$$=\{(0\sim20], (20\sim50], (50\sim70], (70\sim90], (90\sim100]\}$$

(5) 准则层的模糊综合评价

根据项目实际情况，通过收集相关资料和采用问卷调查的方式，咨询由建筑、环保、房地产行业的专家组成的10人专家组，收集了专家组对绿色智慧建筑项目评审意见，整理后得到的模糊评价矩阵，如下所示。

安全耐久指标矩阵

$$P_{U_1} = \begin{bmatrix} 0.2 & 0.4 & 0.2 & 0.1 & 0.1 \\ 0.2 & 0.5 & 0.2 & 0.1 & 0 \end{bmatrix}$$

健康舒适指标矩阵

$$P_{U_2} = \begin{bmatrix} 0.1 & 0.6 & 0.1 & 0.1 & 0.1 \\ 0.3 & 0.4 & 0.3 & 0 & 0 \\ 0.4 & 0.6 & 0 & 0 & 0 \\ 0.2 & 0.5 & 0.3 & 0 & 0 \end{bmatrix}$$

生活便利指标矩阵

$$P_{U_3} = \begin{bmatrix} 0.4 & 0.5 & 0.1 & 0 & 0 \\ 0.1 & 0.5 & 0.4 & 0 & 0 \\ 0.3 & 0.4 & 0.3 & 0 & 0 \end{bmatrix}$$

资源节约指标矩阵

$$P_{U_4} = \begin{bmatrix} 0.1 & 0.5 & 0.2 & 0.1 & 0.1 \\ 0.1 & 0.6 & 0.2 & 0.1 & 0 \\ 0.3 & 0.4 & 0.3 & 0 & 0 \\ 0.2 & 0.6 & 0.2 & 0 & 0 \end{bmatrix}$$

环境宜居指标矩阵

$$P_{U_5} = \begin{bmatrix} 0.1 & 0.5 & 0.3 & 0.1 & 0 \\ 0.2 & 0.6 & 0.2 & 0 & 0 \end{bmatrix}$$

智慧化指标矩阵

$$P_{U_6} = \begin{bmatrix} 0.2 & 0.5 & 0.1 & 0.2 & 0 \\ 0.4 & 0.4 & 0.2 & 0 & 0 \\ 0.2 & 0.6 & 0.2 & 0 & 0 \end{bmatrix}$$

创新与特色指标矩阵

$$P_{U_7} = \begin{bmatrix} 0.5 & 0.5 & 0 & 0 & 0 \\ 0.3 & 0.6 & 0.1 & 0 & 0 \end{bmatrix}$$

按照改进的AHP法的步骤，计算出各个评价指标权重向量W，建立模糊的评价矩阵，按照公式$Y=WP$计算准则层（一级指标）的综合评价向量。

安全耐久指标综合评价向量

$$\begin{aligned} Y_{U_1} &= W_{U_1} P_{U_1} \\ &= (0.7500, 0.2500) \times \begin{bmatrix} 0.2 & 0.4 & 0.2 & 0.1 & 0.1 \\ 0.2 & 0.5 & 0.2 & 0.1 & 0 \end{bmatrix} \\ &= (0.2000, 0.4250, 0.2000, 0.1000, 0.0750) \end{aligned}$$

健康舒适指标综合评价向量

$$\begin{aligned} Y_{U_2} &= W_{U_2} P_{U_2} \\ &= (0.1178, 0.0550, 0.2634, 0.5638) \times \begin{bmatrix} 0.1 & 0.6 & 0.1 & 0.1 & 0.1 \\ 0.3 & 0.4 & 0.3 & 0 & 0 \\ 0.4 & 0.6 & 0 & 0 & 0 \\ 0.2 & 0.5 & 0.3 & 0 & 0 \end{bmatrix} \\ &= (0.2464, 0.5326, 0.1974, 0.0118, 0.0118) \end{aligned}$$

生活便利指标综合评价向量

$$\begin{aligned} Y_{U_3} &= W_{U_3} P_{U_3} \\ &= (0.1047, 0.6370, 0.2583) \times \begin{bmatrix} 0.4 & 0.5 & 0.1 & 0 & 0 \\ 0.1 & 0.5 & 0.4 & 0 & 0 \\ 0.3 & 0.4 & 0.3 & 0 & 0 \end{bmatrix} \\ &= (0.1831, 0.4742, 0.3428, 0, 0) \end{aligned}$$

资源节约指标综合评价向量

$$Y_{U_4} = W_{U_4} P_{U_4}$$

$$= (0.0550, 0.5638, 0.2634, 0.1178) \times \begin{bmatrix} 0.1 & 0.5 & 0.2 & 0.1 & 0.1 \\ 0.1 & 0.6 & 0.2 & 0.1 & 0 \\ 0.3 & 0.4 & 0.3 & 0 & 0 \\ 0.2 & 0.6 & 0.2 & 0 & 0 \end{bmatrix}$$

$$= (0.1615, 0.5418, 0.2263, 0.0619, 0.0055)$$

环境宜居指标综合评价向量

$$Y_{U_5} = W_{U_5} P_{U_5}$$

$$= (0.7500, 0.2500) \times \begin{bmatrix} 0.1 & 0.5 & 0.3 & 0.1 & 0 \\ 0.2 & 0.6 & 0.2 & 0 & 0 \end{bmatrix}$$

$$= (0.1250, 0.5250, 0.2750, 0.0750, 0)$$

智慧化指标综合评价向量

$$Y_{U_6} = W_{U_6} P_{U_6}$$

$$= (0.1047, 0.2583, 0.6730) \times \begin{bmatrix} 0.2 & 0.5 & 0.1 & 0.2 & 0 \\ 0.4 & 0.4 & 0.2 & 0 & 0 \\ 0.2 & 0.6 & 0.2 & 0 & 0 \end{bmatrix}$$

$$= (0.2517, 0.5379, 0.1895, 0.0209, 0)$$

创新与特色指标综合评价向量

$$Y_{U_7} = W_{U_7} P_{U_7}$$

$$= (0.5000, 0.5000) \times \begin{bmatrix} 0.5 & 0.5 & 0 & 0 & 0 \\ 0.3 & 0.6 & 0.1 & 0 & 0 \end{bmatrix}$$

$$= (0.4000, 0.5500, 0.0500, 0, 0)$$

(6) 目标层模糊综合评价

运用模糊层次综合评价的相关计算规则,根据准则层(一级指标)模糊综合评价的计算结果,构建本项目的目标层模糊评价矩阵,则目标层模糊评价矩阵为

$$P_U = \begin{bmatrix} 0.2000 & 0.4250 & 0.2000 & 0.1000 & 0.0750 \\ 0.2464 & 0.5326 & 0.1974 & 0.0118 & 0.0118 \\ 0.1831 & 0.4742 & 0.3428 & 0.0000 & 0.0000 \\ 0.1645 & 0.5418 & 0.2263 & 0.0619 & 0.0055 \\ 0.1250 & 0.5250 & 0.2750 & 0.0750 & 0.0000 \\ 0.2517 & 0.5379 & 0.1895 & 0.0209 & 0.0000 \\ 0.4000 & 0.5500 & 0.0500 & 0.0000 & 0.0000 \end{bmatrix}$$

根据公式 $Y=WP$，目标层综合评价向量为

$$\begin{aligned} Y_U &= W_U P_U \\ &= (0.1481, 0.0607, 0.0253, 0.3451, 0.0607, 0.3451, 0.0151) \\ &\times \begin{bmatrix} 0.2000 & 0.4250 & 0.2000 & 0.1000 & 0.0750 \\ 0.2464 & 0.5326 & 0.1974 & 0.0118 & 0.0118 \\ 0.1831 & 0.4742 & 0.3428 & 0.0000 & 0.0000 \\ 0.1645 & 0.5418 & 0.2263 & 0.0619 & 0.0055 \\ 0.1250 & 0.5250 & 0.2750 & 0.0750 & 0.0000 \\ 0.2517 & 0.5379 & 0.1895 & 0.0209 & 0.0000 \\ 0.4000 & 0.5500 & 0.0500 & 0.0000 & 0.0000 \end{bmatrix} \\ &= (0.2064, 0.5200, 0.2112, 0.0487, 0.0137) \end{aligned}$$

根据最大隶属度原则，可以确定绿色智慧建筑项目的综合评价等级，本案例绿色智慧建筑项目最大综合评价值为0.5200，隶属于评分集中的二星级水平。再利用公式 $S=YG^T$，计算得到绿色智慧建筑项目的综合评价值，进而得到量化后的综合评价结果，其中量化的评价标准集 G 的取值为评价标准集 V 中相对应数值的中位数。于是量化后的综合评分值 S 为

$$\begin{aligned} S &= Y_U G^T \\ &= (0.2064, 0.5200, 0.2112, 0.0487, 0.0137) \times (10, 35, 60, 80, 95)^T \\ &= 38.1330 \end{aligned}$$

（7）评价结果分析

通过上述的计算，说明某市正澎置业有限公司开发的项目为二星级建筑。根据量化后的综合评判计算结果，项目整体评价的综合分数为38.1330，对应于二星级水平。若根据表7.4中的评分细则进行打分，也能得到一致的结果，

但是评分细则评分法需要确定各项细则的权重或分值，也增加了专家打分的工作量。改进的AHP-FCE法能够降低相应的工作量，提高工作效率。

  由评价结果分析可知，智慧化和绿色建筑可持续性相关联成为现代化绿色建筑的核心，对绿色智慧建筑开发有影响的主要指标包括安全耐久指标、健康舒适指标、生活便利指标、资源节约指标、环境宜居指标、智慧化指标和创新与特色指标。在这七个指标的前提下，建立了绿色智慧建筑项目模糊综合评价模型，且通过相应的案例对此评价体系进行了验证，进一步丰富了我国绿色智慧建筑评价体系。

参考文献

[1] http://www.gov.cn/zhengce/content/2021-02/22/content_5588274.htm, 中华人民共和国中央人民政府网站.
[2] 徐良德. 基于模糊理论的建设项目投资估算影响因素研究[D]. 成都: 西华大学, 2010.
[3] 王丽君. 房地产开发项目投资估算研究[D]. 北京: 北京交通大学, 2009.
[4] 杨昭. 基于BP神经网络的绿色建筑风险识别与评价[D]. 青岛: 青岛理工大学, 2018.
[5] 荆磊. 我国绿色建筑全寿命周期风险识别与评价[D]. 泉州: 华侨大学, 2012.
[6] 周颖, 孙秀峰. 项目投融资决策[M]. 北京: 清华大学出版社, 2010.
[7] 宋永发, 石磊. 工程项目投资与融资[M]. 北京: 机械工业出版社, 2019.
[8] 张青. 项目投资与融资分析[M]. 北京: 清华大学出版社, 2012.
[9] 吴泽斌, 吴伟程. 工程项目投融资管理[M]. 北京: 中国建筑工业出版社, 2019.
[10] 赵朝霞. 绿色建筑互联网融资平台的构建及运行研究[J]. 生态经济, 2016, 32(10): 105-109.
[11] 梁俊强, 殷帅, 武朋. 绿色建筑与绿色金融协同发展实践与展望[J]. 建设科技, 2020(20): 19-22.
[12] 马晓国. 绿色建筑投融资模式探讨[J]. 生态经济, 2013(03): 114-116.
[13] 马海超. 海外石油项目融资环境评价研究[D]. 大庆: 东北石油大学, 2012.
[14] 宋祥瑞. 我国绿色建筑融资模式研究[D]. 重庆: 重庆大学, 2012.
[15] 宋义辉. 我国绿色建筑建设融资模式研究[D]. 重庆: 重庆大学, 2011.
[16] 李伟腾. 项目融资模式在绿色建筑中的应用研究[J]. 建筑经济, 2014, 35(11): 126-129.
[17] 刘春雨, 韩隽男. 绿色建筑中的项目融资模式[J]. 辽宁经济, 2015(07): 72-73.
[18] 孙增林. 广州乐雅房地产项目财务分析研究[D]. 青岛: 中国海洋大学, 2015.
[19] 马晓国, 熊向阳, 曲昳, 等. 绿色建筑项目融资风险分担机制研究[J]. 技术经济与管理研究, 2014(06): 24-27.
[20] 王红岩. 公共项目经济评价体系研究[D]. 大连: 东北财经大学, 2007.
[21] 花拥军. 项目社会评价指标体系及其方法研究[D]. 重庆: 重庆大学, 2004.
[22] 李敬, 李德英, 王艳丽. 基于改进模糊综合评价的既有建筑绿色改造潜力评估[J]. 建筑科学, 2015, 31(12): 41-46.
[23] 龙惟定, 潘毅群, 白玮. 智能建筑的室内生态环境[J]. 暖通空调, 2001(04): 75-78.
[24] 尹伯悦, 赖明, 谢飞鸿. 绿色建筑与智能建筑在世界和我国的发展与应用状况[J]. 建筑技术, 2006, 4(10): 733-735.
[25] 段春伟. 建筑项目绿色施工评价体系的建立与研究[J]. 建筑科学, 2009, 25(10): 35-39.
[26] 王祖和, 周静. 基于AHP的绿色建筑评价体系研究[J]. 建筑经济, 2013(11): 79-82.
[27] 刘桂菊, 彭淑贞. 基于AHP-FCE的绿色房地产开发评价体系研究[J]. 资源开发与市场, 2017, 33(05): 540-544.
[28] 熊向阳, 马晓国, 欧阳强. 绿色智能建筑综合评价体系的构建与应用[J]. 科技管理研究, 2017, 37(03): 95-99.
[29] 韩雪松, 樊国强. 三标度AHP法在矿山地质环境评估中的应用——以山西省大同市某煤矿为例[J]. 地下水, 2013, 35(03): 148-150, 153.
[30] 李展, 周世国, 王克. 层次分析法的改进(英文)[J]. 郑州大学学报(理学版), 2008(01): 41-46.

[31] 段高娜, 李晓娟, 郑圣铿. 基于投资视角的绿色建筑投资风险研究 [J]. 上海节能, 2022, (08): 977-982.

[32] Arkin H, Paciuk M. Evaluating intelligent buildings according to level of service systems integration [J]. Automation in Construction, 1997, 6(5-6): 471-479.

[33] Sinopoli J. How do smart buildings make a building green? [J]. Energy engineering, 2008, 105(6): 17-22.

[34] Runde S, Fay A. Software support for building automation requirements engineering—An application of semantic web technologies in automation [J]. IEEE Transactions on Industrial Informatics, 2011, 7(4): 723-730.

[35] Robichaud L B, Anantatmula V S. Greening project management practices for sustainable construction [J]. Journal of management in engineering, 2011, 27(1): 48-57.

[36] Chen S Y, Huang J T. A smart green building: An environmental health control design [J]. Energies, 2012, 5(5): 1648-1663.

[37] Balta-Ozkan N, Boteler B, Amerighi O. European smart home market development: Public views on technical and economic aspects across the United Kingdom, Germany and Italy [J]. Energy Research & Social Science, 2014, 3: 65-77.

[38] Shaikh P H, Nor N B M, Nallagownden P, et al. A review on optimized control systems for building energy and comfort management of smart sustainable buildings [J]. Renewable and Sustainable Energy Reviews, 2014, 34: 409-429.

[39] Buckman A H, Mayfield M, Beck S B M. What is a smart building? [J]. Smart and Sustainable Built Environment, 2014, 3(2): 92-109.

[40] Attoue N, Shahrour I, Younes R. Smart building: Use of the artificial neural network approach for indoor temperature forecasting [J]. Energies, 2018, 11(2): 395.

[41] To W M, Lai L S L, Lam K H, et al. Perceived importance of smart and sustainable building features from the users' perspective [J]. Smart Cities, 2018, 1(1): 163-175.

[42] Ding Z, Fan Z, Tam V W Y, et al. Green building evaluation system implementation [J]. Building and Environment, 2018, 133: 32-40.

[43] Zhao X, Zuo J, Wu G, et al. A bibliometric review of green building research 2000–2016 [J]. Architectural Science Review, 2019, 62(1): 74-88.

[44] Apanaviciene R, Vanagas A, Fokaides P A. Smart building integration into a smart city (SBISC): Development of a new evaluation framework [J]. Energies, 2020, 13(9): 2190.

[45] Eini R, Linkous L, Zohrabi N, et al. Smart building management system: Performance specifications and design requirements [J]. Journal of Building Engineering, 2021, 39: 102222.

[46] Lee S, Lee B, Kim J, et al. A financing model to solve financial barriers for implementing green building projects [J]. The Scientific World Journal, 2013, 2013.

[47] Xu S, Sun Y. Research on evaluation of green smart building based on improved AHP-FCE method[J]. Computational Intelligence and Neuroscience, 2021,2021: 1-11.

[48] Xu S, Zhang Z. Spatial differentiation and influencing factors of second-hand housing prices: a case study of Binhu new district, hefei city, Anhui province, China[J]. Journal of Mathematics, 2021, 2021: 1-8.

[49] Xu S, Lv H, Liu H, et al. Robust control of disturbed fractional-order economical chaotic systems with uncertain parameters[J]. Complexity, 2019, 2019: 1-13.

[50] Yang C, Xu S, Lv H. Fuzzy Adaptive Control for a Class of Nonlinear System with Prescribed Performance and Unknown Dead-Zone Inputs[J]. Journal of Mathematics, 2020, 2020: 1-8.